叢書・ウニベルシタス　1150

人種契約

チャールズ・W・ミルズ
杉村昌昭・松田正貴 訳

法政大学出版局

これまで人種契約に抵抗してきた
黒色人種、赤色人種、褐色人種、黄色人種、
さらに人種契約を拒否してきた白色人種の反逆者や裏切り者たちに
本書を捧げる。

人種契約◉目次

凡　例

一　本書はCharles W. Mills, *The Racial Contract*, Twenty-Fifth Anniversary Edition, Cornell University Press, 2022の翻訳である。
二　ゴシック体は原書のボールド体。
三　傍点は原書の強調を示すイタリック体。
四　『　』は原書の作品名を示すイタリック体。
五　「　」は原書の引用符。
六　（　）および［　］は原書に準じる。
七　〔　〕は訳者による補足。
八　原注は行間に番号（1、2、3……）を付して巻末に置いた。

謝辞

この小さな本を書こうと思った経緯を振りかえるとなると長い話になる。その経緯のことをわたしはずっと考えてきた。それを哲学的な構想のなかにどう取りまとめるべきかを長いあいだ考えてきたのだ。その間ずっと多くの方から支援をいただいた。はっきりと思いだすことができない部分もある。謝辞としてここに名前をあげる方はそのほんの一部である。

もちろん、まずはわたしの家族である。すべての人種にひとしく敬意を払うように育ててくれた両親、グラッドストン・ミルズとウィニフレッド・ミルズ。わたしの意識を高めてくれた弟のレイモンド・ミルズといとこのウォード・ミルズ。一九七〇年代、グローバルな人種契約の名残りに反旗を翻したジャマイカの闘争で活躍したおじとおば、ドン・ミルズとソニア・ミルズ。当初からわたしの研究を支えてくれた妻エル・ミルズ。かの女はときにわたしよりもわたしのことを信じてくれていた。

いまも昔もとくに親しくしている友人たちの名前もあげておかねばならない。古い付きあいのボブに感謝する。ともに過ごした親友ロイス。第三世界の同志であるフェミとは大学院時代から、アカデミズムにおける哲学をどうすればアカデミックでないものにできるのか、このことについて何度も語りあってきた。

わたしの最初の哲学の先生ホレス・レヴィは、西インド諸島大学のモナ・キャンパスの、融通のきく個人教育の哲学研究科で長くお世話になったので、ここでとくに名前をあげておきたい。さらにトロント大学のフランク・カニングハムとダニー・ゴールドスティック。思いだそうにも思いだせないくらいに古い話だが、かれらは哲学科の大学院にわたしを迎えいれてくれた。ジョン・スレイターはわたしを高く評価してくれて、わたしの出願をサポートしてくれた。哲学の分野における学部時代の経歴がほとんどなかったわたしにとって、あのサポートは運命を左右するものだった。かれらの名前をここにあげておきたい。

本書で取りあげた諸問題に取り組みはじめたのは一九八九年、オクラホマ大学の若手教員のための夏季研究会でのことである。最初の原稿を書いたのは、シカゴのイリノイ大学の人文科学研究所の研究員だった一九九三年から一九九四年にかけてのことであり、最終的に原稿を仕上げたのは、一九九七年の夏期サバティカルの期間中のことである。前任校でも、いま所属している研究所でも、わたしは運がよかった。学部長や所長たちが助成金の申請や研究員制度、出張、休暇、サバティカルなどをサポートしてくれたのである。オクラホマ大学のジョン・ビーロとケネス・メリル、イリノイ大学のリチャード・クロート、ドロシー・グローヴァー、ビル・ハート。かれらのサポートに対して心から感謝申しあげる。さらにイリノイ大学哲学科総務部のかけがえのないスタッフであるシャーロット・ジャクソンとヴァレリー・マッケイ。かれらには補助を依頼してばかりだった。かれらが根気よく手伝ってくれたおかげで、円滑に研究を進めることができた。

バーナード・ボクシルとデイヴ・シュウェイカート、ロバート・ポール・ウルフにも感謝申しあげる。イリノイ大学人文科学研究所の研究員に応募する際に、かれらは推薦状を書いてくれた。そのおかげで最初の原稿に取りかかることができたのだ。哲学が専門ではない聴講者たちにも理解できるような「短くてパンチのきいた本」を書くようにすすめてくれたのはボブ・ウルフで、ハワード・マックギャリー・ジュニアもそれに賛同してくれた。友よ、本書のパンチ力が十分であることを願う。

本書の初期のころの短いバージョンは、「シカゴの政治的に正しい議論の会」（PCDGC）のメンバーに読んでもらって批評していただいた。サンドラ・バートキー、ホリー・グラフ、デイヴィッド・イングラム、オルフェミ・タイウォの批評は有益なものだった。ジェイ・ドライディクも原稿を読んで貴重な情報を提供してくれて励ましてくれた。さらに一九九四年から一九九六年にかけて行なった以下のプレゼンテーションでの質疑応答も有益なものだった。イリノイ大学人文科学研究所、コーネル大学の人文科学協会、クイーンズ大学の討論会、現象学および実存主義哲学協会の定例会における討論会、ヴィラノヴァ大学における「学術と人種」と題する学会などである。

フェミニズムの理論家たちもこのプロジェクトをずっと励ましてくれていた。友人のサンドラ・バートキー、パオラ・ローティ、サンドラ・ハーディング、スーザン・バビット、スーザン・キャンベル、アイリス・マリオン・ヤング。フェミニズムの政治理論からは長年にわたって多くのことを学んだ。とくにキャロル・ペイトマンにはとても感謝している。本書のテーマが人種にしぼられているからといって、支配のもうひとつの体制であるジェンダーの現実をわたしが認めていないとは受けとらないでいただきたい。

コーネル大学出版局のアリスン・ションクワイラーは、はじめて原稿を読んだときからかなり興味をもってくれて、これは本になるから書くべきだとわたしを説得してくれた。かの女には確信があったのだろう。かの女のエネルギーと衝動、さらには編集者としてのその鋭い読みがなければ間違いなくこれほどすばらしい本にはならなかっただろう。心から感謝申しあげる。

最後に、見知らぬ土地にきたよそ者であるわたしをこうして歓迎してくれた「哲学における黒人の地位にかんするアメリカ哲学協会の委員会」、なかでも以下の方には感謝申しあげる。ハワード・マックギャリー・ジュニア、レナード・ハリス、ルシアス・アウトロー・ジュニア、ビル・ローソン、バーナード・ボクシル、ローレンス・トーマス。かれらのおかげでアットホームな気持ちになれた。積極的格差是正措置《アファーマティヴ・アクション》の恩恵を受けた者として、もし黒人アメリカ人たちの闘争がなければ、わたしはアメリカの学術的世界にいなかっただろう。本書はそのような闘争に敬意を表し、また感謝の意を表するものである。さらにもっと一般的に、政治的抵抗という国際的な黒人のラディカルな伝統にも感謝の意を表する。黒人アメリカ人の闘争はそのような伝統の一例なのである。

一九九七年　C・W・M

二十五周年記念版への謝辞

長年にわたり、アメリカ全土で、さらにはほかの国々で、哲学およびそれ以外の分野における数々の授業のなかで、『人種契約』を取りあげてくださったすべての先生方に感謝の意を表したい。「ポスト人種差別」や「肌の色で人種差別しないこと《カラー・ブラインドネス》」が新しい規範となりつつあった時代に（いまや過去のことだが）、人種差別のない世界は確かに望ましいかもしれないが、そう願っているだけでは実現しない、とあなたがたは認めてくれていた。人種の現実に目を向けること、若い世代にそういった現実について教育すること、これはきわめて重要なことなのだ。あなたがたがそれを実践してくれたおかげで、『人種契約』は学術書としてベストセラーになった——二〇二一年時点で五万部以上売れている。

同じプロジェクトに携わっている仲間の黒人哲学者たちにも感謝する。この分野におけるパイオニアとしてのかれらの功績は称賛に値する。かれらはアフリカ系アメリカ人の哲学、さらには最終的に人種の批判哲学と呼ばれることになるものの確立に尽力した。そういったものが専門的に重視されるようになったのは、その後ずいぶん経ってからのことだ。みなに感謝したい。とくにわたしをアメリカに迎えいれてくださった方々、何年もアメリカ哲学協会の学会で人種にかんする討論会を開催し、参加者が少ないにもかかわらず夜遅くまで付きあってくださった方々。ようやくそれに報いることができた。

コーネル大学出版局の二人のすばらしい編集者、初版の謝辞でも言及したアリスン・ションクワイラーとエミリー・アンドリュー、かれらと一緒に仕事ができたことは幸せだった。わたしがこれを書いているいま、エミリーはほかの場所で仕事を見つけるためにコーネルを去ろうとしている。二十五周年記念版というすばらしいアイデアを思いついたのはかの女であり、コーネルを離れるまえに仕上げなくてはと、ぐうたらなわたしをかの女が引っ張ってくれたのだ。この新版が出たのはだれのおかげかというと、あなただよ、エミリー。心を込めて感謝申しあげる。そしてあなたの新しい仕事がうまくいきますように。

最後に、まったく想像もしなかった幸運によって、まさにこれから新版を出そうというときに、『人種契約』が二〇二一年度ベンジャミン・E・リッピンコット賞を受賞したという知らせを受けとった。これはアメリカ政治学会が二年ごとに主催している賞で、「初版の出版から十五年以上経っていて、いまでも大きな影響力があると見なされている存命中の政治理論家が書いた、ひときわ優れた」政治にかんする著作に授与されるものである。この栄誉に対して、賞の選考委員会の方々——委員長のバーバラ・アルネイユ（ブリティッシュ・コロンビア大学）、スティーヴン・B・スミス（イェール大学）、デイヴィッド・ランシマン（ケンブリッジ大学）——には深く感謝申しあげる。この新版にとってこれほどすばらしい門出はないだろう。

二〇二一年　C・W・M

序文

トミー・シェルビー

チャールズ・ミルズの『人種契約』(一九九七年)は、人種の研究を中心にもってくることで、政治哲学を概念的に刷新しようとした画期的なテクストである。とはいえ、わたしがミルズの思想をはじめて知ったのは、この現代の古典的名著をつうじてではない。一九九〇年代初頭に論文執筆のための調査を行なっているときに、たまたま同様のトピックを扱っているミルズの論文に出くわしたのである。当時、わたしがなんとか理解しようと思っていたのは、道徳をめぐるマルクスの唯物論的批判であり、さらに資本主義は本来的に搾取的なものであるというかれの批判が意味するところはなんなのかということだった。そのときミルズはすでに、イデオロギーや史的唯物論といったマルクスの概念、また資本主義社会の道徳的批判にかんするその限界について吟味したエッセイを出版していた。こういった学術分野にわたしは大いに感銘を受けた。しかもそれが分析哲学の用語(哲学的な著作でわたしが推奨する形式)で書かれていたので、とくに親しみを感じたのだ。ミルズが黒人であるということを知ったのもそのころだった。そうしてわたしはかれのほかの著作を探しはじめ、人種とアフリカーナ哲学〔アフリカ系の学者による哲学〕にかんする初期の論文を見つけたのである[1]。

ミルズのラディカルなアイデンティティのなにがわたしにとって重要なのか。わたしは大学に入るまえから、すでにクワメ・アンソニー・アッピアやバーナード・R・ボクシル、ハワード・マックギャリー、ビル・ローソン、ローレンス・トーマスらの著作を読んで感銘を受けていた。かれらはみな黒人の分析哲学者で、人種やアフリカーナ哲学にかんする重要な著作を残していた。しかしこういった思想家たちはそれぞれリベラルな伝統に深く根を下ろしていて、当時わたしがとくに関心をもっていたマルクスの概念にはほとんど興味を示していない。わたしは、人種と階級という難しい問題、またそれがどういうかたちであらわれてくるものなのかといったことに強く関心をもっていて、その出発点となったのがマルクス主義の理論だったのである。つまり当時わたしが研究したいと思っていたことを、形式的にも実質的にもミルズはモデル化していたのだ。

一九九〇年代半ば、アメリカ哲学協会の学会で、ようやくミルズ本人に会えたとき、どれほどうれしかったかは想像してもらえるだろう。ミルズをめぐるパネルディスカッションのあと、かれはわたしに自己紹介してくれた。わたしはただの大学生だったが、かれは励ましてくれたし、応援してくれたし、かなり長い時間付きあってくれたのである。たがいの学問的な関心においても、さらには知的空間を拡大し、哲学の領域における黒人のための職業環境を向上させようと願っているという点でも、わたしたちはすぐさま意気投合した。わたしがこの職業についたばかりのころ、ミルズはわたしの指導教員のような存在になってくれた。それ以来、わたしが出会う学生たち、あるいは指導する学生たちに対して、ミルズのやり方をわたしは真似しようとしてきた。ミルズとわたしはやがてただの同僚ではなく、友となったのであり、食事をしながら発想や構想を共有し、難しい問題を夜になるまで議論し、二人が大事にしている畑を協力しあいながら育てようとしてきたのである。

わたしたちがはじめて会ったころと比べると、哲学の世界は大きく様変わりした。人種や黒人の生活にかんする諸問題が周縁的なものから中心的なものへと（まだ完全にではないが）移行した。これはミルズが根気よくつづけてきた、すばらしい努力によるところが大きい。それにしても一九九七年、出版されたばかりのこの本を手にしたときの興奮をいまでも思いだす。ミルズはこの本のことをずっと話してくれていたのだ。しかもそこにかれは次のようにサインしてくれていたのである。「トミーへ。概念にかんする闘争のさなかで！」当然ながらいまや名著として知られるこの本の二十五周年記念版に、このように序文を寄せられることをとても光栄に、また嬉しく思う。

『人種契約』には多くの長所がある。北アメリカとヨーロッパだけに焦点をしぼる（ふつうはそうする）のではなく、本書では、人種について実にグローバルな観点――アフリカ、アジア、ラテンアメリカ、カリブの島々、太平洋の島々、さらにオーストラリアにも目を向ける――が示されている。黒人－白人という間違った二分法を避けながら――実際はそういう二分法と決別して――人種差別的な支配のかたちを考察する。そこではアフリカからきたひとびとだけが犠牲者になるわけではない。近代世界史をこれまでにないやり方で捉えること、これが本書の根源的なテーマとなっている。哲学書ではあるが、そのテーマに対しては広く学際的なアプローチが採用されており、人文学と社会学を横断するような研究方法が用いられている。「パンチのきいた」分かりやすい言葉で書かれているため、学部生向けの授業で使用するのにも最適な本である。哲学以外の領域で、さらにはアメリカ以外の国で、本書が広く受け入れられているのはそういった長所もあるからだろう。

とくに哲学という専門領域にかんして言うなら、ミルズはこの分野、なかでも政治哲学の分野が概念的に「白人中心」のものになっており、人種的支配の問題については触れようとしないという理由で批判する。実際、この分野におけるリーダーたちは、一見すると民主主義的に思われる社会において、白人支配がどれほど重要視されているのかという点を曖昧にしているので、ミルズはかれらを厳しく批判する。その一方で、かれは白人至上主義という概念を真面目に取り組むべき哲学的主題として打ちだそうとしているのである。かれがなんとかしなければならないと思っているのは、人種契約というものが、いまはまだ認知されてはいないが、今日の政治理論に多大なる影響をもたらしてきた社会契約の伝統――ホッブズ、ロック、ルソー、カントが例として取りあげられている――のなかに潜んでいて、しかもそれが当然視されていることである。さらに政治哲学者たちの言動は、人種によって色づけされた道徳心理にもとづいている場合が多く、それがかれらの理論形成を歪んだものにし、かれらが出した結論をわたしたちの世界に適用することを制限させているのだとミルズは批判する。見えるようで見えない人種契約のそういう作用を明らかにすることは、この学問分野のある種の認知的な治療となる。

主流派の政治哲学に対するこのような攻撃を、シニカルなアイロニー、悲観的な諦め、あるいはラディカルなふりをするポーズとして読むべきではない。それは最終的に解放を目指すものであり、その根底には具体的な構造的変化を求めようとする思いがある。リベラルな政治思想をかっこよく切り捨てたり、破棄したりすることが狙いなのではない。むしろミルズはリベラリズムを見直し、脱人種差別化し、根本的に改革して、解放のために役立てようとする。世界を視野に入れながら、人種契約に焦点をしぼることによって、わたしたちはホッブズ以降の政治哲学における議論を枠づけなおすことができるようになる。本来、人種的な支配とヨーロッパの帝国主義は、哲学の中心的な関心事になってしかるべきなのである。

伝統的な「白人中心の」マルクス主義と決別したことをミルズは本書で示し、さらにその後の著作を黒人のラディカルな伝統のなかに位置づけた。そうであるにもかかわらず、かれが提示する分析には、マルクスの概念からの影響をはっきりと見てとることができる。かれが打ちだすテーマには、史的唯物論と階級分析の考え方が強く残っている。例えば、人種契約はおもに経済的な利益と資本の蓄積——土地、労働、天然資源の搾取・収奪——が推進力になっていると述べられる。こういった考え方は、批評理論ではお馴染みの西洋マルクス主義的な意味で言うところのイデオロギー批判にかなり近い。

白人たちのグローバルな団結が、いかに有色人種たちが起こす自由闘争と対立するのか——デュボイスの中心的テーマ——についての説明が本書でなされる。これは有害な社会的アイデンティティをめぐるものであるだけでなく、国境を越えた悲惨な慣習が政治的にも実体的にも広がっていくそのようすをめぐるものでもある。権力、労働、金、さらにはだれが生きて、だれが死ぬのかをめぐるものであると同時に、認識の政治学と多文化主義をめぐるものでもある。また本書は非白人の政治理論家のための場を切り開くものであり、かれらが書き残したものをいっそう理解しやすいものにし、実践的な反レイシズム闘争の哲学的な意義を際立たせるものである。このような反対派の理論や実践が対象としているのは、人種差別的な政治体制であり、グローバルな白人至上主義である。哲学の領域における支配的な言葉づかいやモチーフを変奏するミルズの挑発的な構想によって、そういったものがいっそう目に見えるようになり、明らかにされていくのだ。

批判的人種理論《クリティカル・レイス・セオリー》（CRT）はいま右翼からの攻撃を受けている。間違いなく白人ナショナリストからの攻撃を受けているのである。こういった反動的なプロパガンダは、たいてい批判的人種理論という発想を空虚な記号と見なして利用する。それは人種が二極化している時代に、有利な政治的立場を獲得しようとする間違った信念からくるものだというわけである。『人種契約』はみずから意識的に批判的人種理論のために貢献しようとするものだ。したがって偏見のない読者たちは、本書をとおして、そういう知的な運動に対する理解をいっそう深めることができるだろう。(2)

デリク・ベルのような批判的人種理論の開拓者たちは、アメリカ社会にレイシズムが蔓延し、手に負えなくなっていることを強調する。社会秩序の構造基盤——合衆国憲法から刑事司法制度にいたるまで——は白人中心主義に根ざしていて、それが構造改革を不可能ではないにしても、きわめて難しくしているという考え方である、そういった変化が実質的に自分たちのためにもなると白人の多くが確信してはじめて、実現可能な漸進的変化が生じる。人種は現実であり、影響力をもつ。しかしそれはまた社会的に構築されるもの（生物学的なものではない）であり、法律上の手続きによって維持されるものでもある。ミルズはレイシズムをアメリカ社会に普遍的に見られる特徴だとは考えていない。ただ、かれの言う「人種差別的な政治体制」は「人種差別的な政治体制」に立ち現れてくる根源的なものとしてレイシズムを捉えている。「人種差別的な政治体制」というのは、白人と見なされないひとびとに対して権力をふるい、かれらを搾取するために、白人として構成されるひとびとが合意しあって作りあげたものである。ミルズが言うには、人種契約は人種を構成するものであり、それに関連する諸々のアイデンティティを持続させる。国家権力は、そうやって合意された諸項目を強化し、人種的に隷属させられているひとびとからの批判を払拭するために利用されることが多い。

CRTの支持者たちは自由主義思想や訴訟手続きに対してかなり批判的である。そういったものは人種問題に目を向けようとしない社会政策を容認するものであり、人種をめぐる現実主義がそこには欠けているからだ。同じような理由で、ミルズもまた自由主義的な理論を痛烈に批判している。自由主義的な理論は、グローバルな人種契約という現実の遺産と向きあうことをせず、抽象的で理念的な神話に逃げこむことで、人種差別的な支配（これがいまもわたしたちの世界を形成しつづけている）という暗い歴史を隠蔽している、とミルズは考える。

批判的人種理論は、交差性や立場《スタンドポイント》理論〔知識はつねにそのひとの社会的地位によって形成されるとするフェミニストの考え方〕との関わりから、ラディカル・フェミニズム理論と連携しながら発展してきた。ミルズのこの著作は、キャロル・ペイトマンの『性契約』〔日本語訳は『社会契約と性契約』中村敏子訳、岩波書店、二〇一七年〕という大きな影響力をもつフェミニズムの書に触発されたものである。ラディカル・フェミニズムの主要な知見、例えば、父権制はそれじたいが政治体制であって、人種差別的な統治体制と同じく、廃止されねばならないという発想をかれはみずからの論に取りこむ。さらに、人種差別により迫害されているひとびとは、隷属というものの本質について特別な見識を備えているという発想をかれは支持し、自分はそういった見識を表に出そうとしているだけだとも言っている。「黒人アメリカ人の民間伝承」から引いてきた本書の巻頭言を見てもらいたい。

最後に、批判的人種理論の理論家たちは、広く受け入れられている理論的表現の形式（例えば、体系的な研究論文や生真面目な学術論文など）だけを用いたり、専門分野の規範を厳密に守ったりするよりも、物語や自伝、寓話といった型破りで、境界侵犯的とも言える方法を用いてみずからの考えを伝える。政治哲学の著作はこうでなければ、というわたしたちの予測は、ミルズが打ちだす圧倒的なカウンター・ナラティヴによって裏切られることになる。

『人種契約』のあの不朽の概念たちが今後どうなっていくのか、これはわたしには分からない。しかし、この二十五年間、ずっとわたしの心に残っている概念がある。白人至上主義のせいで、有色人種たちが被ってきた独特なかたちの非人間化を浮き彫りにするために、ミルズは人間と隷属人間という決定的な区分を設ける。読者に注意して読んでもらいたいのは、この区分がどのように展開されているのか、あらわになっている社会契約と隠されている人種契約とのあいだの関係を説明する際に、それがどのように用いられているかという点である。

人種契約はつねに書き換えられているという挑発的で啓発的な発想は、ミルズの理論のなかでもまだ正当に評価されていない側面である。人種差別的な統治体制は静的なものではなく、権力の入れ替わりや社会状況の変化とともに進展する。たいていの場合、白人による支配はもはや法律のなかに形式的に成文化されてはいない。しかし、自分たちの白人性にすがりつき、そこからくる利益を手放そうとしないひとびとのあいだで、人種契約はずっと書き直されてきたのであり、そうやってかれらは同じ目的を果たそうとするのである。かつてはもっとあからさまだった人種差別的な体制の遺産から搾りとれるだけ搾りとるというわけだ。このことが反レイシズム闘争をいっそう複雑なものにし、困難なものにしている。というのも、人種差別がいまも存在するということを否定する白人が多いからである。

人種契約の署名者と受益者というミルズの区分も重要だとわたしは思う。すべての白人が人種契約の恩恵を受けざるをえないとかれは考えているが、契約を持続させるために有効な署名を行なう白人はそれほど多くはないとも述べている。こういった署名者たちのなかには、白人至上主義的な考えをあからさまに支持する者もいるし、有色人種の基本的人権を否定する活動を積極的に展開する者もいる。あるいは（公には）人種差別的な理念に賛同しないとしても、白人であることの利点を進んで受けとろうとする者もいるし、人種差別的な統治体制を撤廃するためにほとんどなにもしないか、まったくなにもしない者もいる。ミルズは、ただ白人だからという理由で、ひとを弾劾しようとしているわけではない。白人至上主義の恩恵を受動的に受けいれることじたいが非難の対象になると考えているわけでもない。かれは人種差別的な体制における共犯関係に注意をうながすのだ。この共犯関係は無関心というかたちであらわれることもあるし、過去の、さらにはいまも続いている人種的隷属のことをあえて無視するというようなかたちであらわれることもある。しかし、こういった点を裏返してみれば、もう少し希望が見えてくる。つまり、人種契約に気づいている白人たちは署名を拒否することができるということである。人種契約を保持し、そこから利益を得ようとしているひとびとに対して反旗を翻すこともできる。人種契約をなくすための壮大な戦いは長引くかもしれないが、その戦いのなかで、かれらは世界の有色人種たちとひとつになることもできるのだ。

ミルズが政治哲学に対して打ちだす批判の多くにわたしは賛同する。ただし、そのすべてを支持しているわけではないと断っておく。とくに、理念的な理論に対するかれの批判をわたしは受けいれない。少なくともその詳細をすべて受けいれることはできない。ただし、ここで反論を展開するのは場違いだ。とはいえ、本書にかんする批判をひとつだけ紹介しておこう。以前はわたしも本書に対して抱いていたが、いまは間違っていると思っている批判である。すなわち、ミルズは今日の政治哲学の欠点と失敗を誇張しているという批判だ。じっくり考えてみても、やはりわたしもまだそういうふうに思っているのだが、しかしこういう誇張表現がなければ、これまで哲学の領域で許しがたく嘆かわしいほどに無視されてきたテーマに衆目を集めることはできなかったのではないか。かれがこの学問領域のなかで正しく見定めた認知的な偏見や盲点に対処する必要があるとかれは思っていたのだろう。要するに、ミルズはゲシュタルトの入れ替えを引き起こそうとしていたのであり、支配的なパラダイムを揺るがそうとしていたのである。さらに、ミルズはユーモアやコメディといった黒人特有の話し言葉《ヴァナキュラー》から借りてきたような、支配体制を転覆させるテクニックを用いていた。誇張表現を用いたり、一般化したりして支配的な集団や影響力のあるひとびとをからかうのだ。かれは常識に逆らい、主流派の期待を裏切り、ときにはアカデミズムの規範すらも踏みこえて執筆していたのである。

こういった論争的な戦術や黒人の修辞的スタイルが功を奏し、この古典的なテクストが生まれたというわけだ。本書は、主流派の政治理論の限界、さらにはいまもまだつづいているレイシズムの問題について考えをめぐらせている思想家たちに何世代にもわたってすでに影響を与えつづけている。ミルズには特徴的な声があって、多くのひとびとにその声を届ける力がかれにはあるということ、これはもう明らかなのだ。そういうわけで『人種契約』のこの新しい記念版をわたしは歓迎する。また本書がきっかけとなって、さらに多くの哲学者たちが概念にかんする闘争に加わることを心から願う。

序文　人種契約――時代はめぐる

「『人種契約』のおかげでわたしの人生が変わりました。ミルズ教授、そのことをあなたに伝えたくていまこれを書いています」。

わたしの人生も本書によって変わった。

ここ数年、有色人種の学生たちからこのような言葉がたくさん寄せられる。いきなりメールを送ってきて、わたしの著書がかれらに与えた影響について知らせてくるのである。『人種契約』によって掻き鳴らされたコードが、数十年経ったいまでも響いているというわけだ。実際、この序文を書いているいまも、大規模な反レイシズムのデモが世界中で起きている。ジョージ・フロイドがミネアポリス警察の手で殺されたことで反レイシズムの運動に火がついたのである。そう考えると、この本の影響力が最大限に発揮されるのはまだ先のことなのかもしれない。「白人至上主義は、近代世界を今日の姿にまで作りあげた名もなき政治体制である」という一見すると挑発的な文からはじまる本書は、いまやそれほど突拍子もないものではないだろう。ヨーロッパの植民地主義、帝国主義、人種差別にもとづく奴隷制といった遺産、さらには排他的な白人移民国家に対する国際的な抗議行動、また過去および現在にかんする「白人の無知」という危険なものを育む西洋のカリキュラムや教育体制の改革を求める声、構造的な白人支配と人種的不公平を終わらせるよう求める声など、二十五年前にこの小さな本で描いた構想の正確さを否定することはいっそう難しくなってきている。

わたしは黒人知識人たちの長い系譜をたどろうとしている。かれらは多彩な分野で活動し、みずからの著作でもって、よりよい社会を作りあげようと願ってきた。哲学の領域には、哲学者たちが構想した概念や哲学的な著作がたくさん存在する。謙虚な下働き（ロック）から野心的なシステム設計者（ヘーゲル）まで、さらにはすべてをあるがままにしておく領域（ヴィトゲンシュタイン）から世界の変革を目指す領域（マルクス）まであるわけだが、黒人たちによる国境を越えたラディカルな伝統はつねにためらうことなく後者の側に立ってきた。[1] カール・マルクスが生まれるよりずっと前に、アフリカの奴隷制によって強いられた民族離散《ディアスポラ》が人種的に迫害されたひとびとの共同体を生みだしたのであり、かれらはそういった迫害を批判的に分析し、解き明かし、最終的には終わらせようとしてきたのである。レナード・ハリスの言葉を借りるなら、アフリカ系アメリカ人の哲学（さらに顕著なのは現代アフリカーナ哲学）は「闘争から生まれた哲学」なのである。[2] こういった革命的な言論の場となっているのは、比較的最近のもので言うなら教室や学会での討論会ということになるが、最初は奴隷たちの小屋であった。黒人のラディカルな伝統は、もっともよい状態を維持しているかぎり、狭隘なナショナリズムに陥ることはないし、むしろどこの国であれ、隷属的な状態に陥っているひとびとと連帯できる、と宣言するものだった。

先に触れたような主流派の白人哲学者は、とくにその分析的な形式において、そのときどきの状況には注意を払う必要性を感じることなしに、時代を超越した問題に取り組む冷静な思想家であることをみずからの売りにしているが、かれらとは違ってわたしは、いま述べたような領域を具体的なものとして、社会的に根づいているものとして見ている。人種契約は黒人全体の経験によって形成されるものであり、同時にまたジャマイカ人としての、さらにアメリカに移住してからはジャマイカ系アメリカ人としてのわたしの個人的なアイデンティティによって形成されるものでもある。わたしはアメリカに移住して、規模は小さいが、確固たる意志を有する黒人哲学者たち（この職業においてはまだ全体の一パーセントにすぎない）のグループに加わった。

本書で示されている国際的な視野をわたしは自然に身につけていた。人口三〇〇万人に満たないグローバル・サウスの小さな国に生まれたら、自分たちが世界の中心であるなどとは考えにくいし（そうなるように努力してきたジャマイカ人もいるが）、その世界のかたちを決定づけてきた国際的な力をそう簡単には無視することができない。実際、近代におけるジャマイカの創生じたいがヨーロッパ帝国主義の産物なのである。ザイマカ（もともとはアメリカン・インディアンであるタイノ族の言葉〔「木と水の国」の意。ジャマイカのこと〕）は一四九四年にクリストファー・コロンブスによって侵略され、征服された。先住民の多くが殺され、アフリカ人たちを捕らえて連れてくることで奴隷経済がはじまった。一六五〇年代には、スペイン人がイギリス人によって追いだされ、大規模な奴隷制度が整備され、この国はイギリスにもっとも利益をもたらす奴隷制国家となったのである（ヨーロッパからの大規模な移民を特徴とするアメリカのようなヨーロッパの白人のための開拓植民地とは異なり、この「搾取のための植民地」の場合、白人は基本的に外から監督するかたちになっていた）。一八三四年から四年がかりで奴隷制はようやく廃止されることになったが、ジャマイカは一九六二年までイギリスの植民地のままであった。ヨーロッパ至上主義という人種差別的なイデオロギーは数百年にわたってそのような支配体制を正当化してきたのである。

そういうわけで、わたしが育った独立直後のジャマイカでは、植民地主義、さらにはポストコロニアル（本当のところは新植民地主義ということだったのだろうが）の遺産という問題をめぐって政治的な激論が交わされていた。さらに一九七〇年代、マイケル・マンリーの社会民主主義的な政権のもとで、ジャマイカは従来の白／茶／黒というピラミッド型の社会経済構造を改革しようとしただけでなく、グローバルな場面でも中心的な役割を果たしていた。ジャマイカはグローバル・サウスのほかの国々とともに、新国際経済秩序の樹立につとめていたのである。こういう温室のような政治空間を離れたわたしは、当時のラディカルなアングロ－カリブ〔旧英領カリブ海地域〕の議論にどっぷりと浸かったままの状態だったので、トロント大学で博士号取得に向けた研究をはじめたとき、ジョン・ロールズの著作に見られる主流派の政治哲学と出会って卒倒してしまったのである。『正義論』のなかで、かれは次のような指示を行なっているのだ。わたしたちは社会というものを現実的に——ただの理念としてではなく——「互いの利益のために協力して取り組む冒険的事業」と考えるべきだ、と。その規則は「そこに参加するひとびとの利益を増進することをねらっている」のだ、と。これでわたしは気がついたのである。この種のひとたちはまったく別のシナリオにもとづいて考えているのだ、と。(3)

『人種契約』は、その後何年も経ってから書いたものではあるが、ロールズのような概念化を一切拒否するものだと思ってもらいたい。結局、この分野でまったくなにも見えていない白人とはじめて交渉しようとするときに、自分自身が手元に欲しかった本をわたしは自分で書いたのだ。（わたしにメールを送ってくる学生の多くがいまでも同じ問題に直面している。）この白人中心主義は職業にかんする人口統計学や数字の問題として理解するだけではいけない。この白人中心主義はさらに、真正と見なされた人物たちの著作のなかに見られる有色人種にかんする差別的な見解や、そもそもそういった人物のなかに有色人種が含まれていないという点にあらわれているだけでもない。もっとも深く難解なレベルで、それは主要な問題を概念的に、さらには理論的に枠づけるその行為のなかにあるのだ。わたし自身が枠づけなおしたものを多くの読者に届けたという意味で、『人種契約』はわたしのサクセスストーリーでもあって、わたしがこれまで出したほかの五冊の著作をすべて足したとしても、その数倍は売れたのである。さらにグーグル・スカラーで表示されるわたしの引用数全体のおよそ半分を占めており、国際的にも学際的にも引用されている。聞くところによると、『人種契約』はジャマイカやバルバドスにおける肌の色にもとづく序列にかんする比較研究、ポストコロニアルのインドにおける政治学、イスラエル／パレスチナにおける国家的／国際的な人種の流動、オーストラリアの公共サービスに見られるレイシズム、ニュージーランド（アオテアロア）の教育制度に見られる「白人の無知」といったさまざまな分野に応用されているという。また哲学以外の多岐にわたる領域——政治学、社会学、教育学、国際関係論、アフリカン・アメリカン研究、人類学、歴史学、法学——において、本書が授業のなかで取りあげられている。

カナダで博士論文を書きあげたあと、わたしは最終的にアメリカで就職しようと思い、同じプロジェクトに取り組んでいた黒人哲学者たち——その大半がアフリカ系アメリカ人だった——の意欲的なグループに加わった。

一九九〇年代半ばの哲学的な状況はいまの状況と比べてなにが違っていたのか、これを今日の若い読者に伝えるのは難しい。人種にかんする書籍もアフリカ系アメリカ人の哲学にかんする書籍も出版されてはいた――そこでは社会的公平さや予言的宗教の伝統、「底辺層《アンダークラス》」の問題が扱われていた――が、当時はそれもまだ比較的珍しかった。哲学と人種、あるいはアフリカ系アメリカ人哲学者のシリーズなどを出している出版社はひとつもなかった。しかしいまは少なくとも五社は存在する。そういった分野にかんする解説書や手引書もなかった。いまは少なくとも三つは存在する。

こういった事態が大きく動いたのは、一九九二年にクワメ・アンソニー・アッピアの『父の家にて』が出版されてからのことである。当時、そのような認識があったわけではないが[4]。友人の黒人哲学者ポール・C・テイラーの見解によると、アッピアの本は人種とアフリカ系の哲学研究が主流派に参入することを認めさせた決定的なテクストだったのだ。かれにはオックスブリッジにおける申し分のない経歴があっただけでなく、言語の分析哲学がかれの専門領域でもあった。よくも悪くも、分析哲学はこの業界のなかでは力のあるアプローチ法だと見なされており、そのおかげで人種とアフリカ系アメリカ人が分析対象として評価されるようになったのである。大陸系の研究ではここまで成し遂げることができなかっただろう。アッピアの著作はかなり多くの読者を得たが、しかし黒人哲学者の多くがかれの結論を受け入れようとしなかった。人種に対するかれの立場が消去主義的だった――「人種は存在しない。これが真実だ」――ことは有名であり、例えばかれは、W・E・B・デュボイスの著作に見られるような、人種にもとづく汎アフリカ主義的な政治的伝統に対しては、道徳的に疑わしいし、ひょっとしたら人種差別的なものにもなりうるという理由で反感を抱いていた[5]。それとは対照的に、大陸系の批判理論の伝統からスタートし（人種を無視するものだと批判しつつ）、黒人アメリカ人の解放闘争に長く関わっていたルシウス・アウトローは、人種の現実とその社会政治的意義にこだわっていた。そのことはかれの著作『哲学と人種について』で論じられているとおりである。(6)人種に関心をもっているひとが集まる小さな哲学サークルでは、アッピア－アウトロー論争がこの時代の主要な論点と見なされており、討論会や論文などで議論が繰り広げられた。一九九四年のラトガース大学における哲学と人種学会でのあのものすごい口論のことは言うまでもない（しばらくしてみな平和と礼節を取り戻したが。詳しいことは年配の方に聞いてみるといい）。

当然、わたしもこういった対話に参加したいと思ったが、具体的にどのように参加すればいいのか分からなかった。わたし自身は間違いなくアウトローに共感を寄せていた――かれの言葉の使い方には賛同できないところもあったが。わたしは分析的な哲学者として教育を受けてきたし、いまでもそういう立場だと思っている。とはいえ、歴史学や社会学、政治学がもたらしてくれる鋭い洞察力――さらに大陸系の哲学のうち、わたしが理解できる部分――にも関心をもっていたので、分析哲学の立場にある多くのひとたちにとって、わたしは怪しい存在、あるいはおそらくただの裏切り者だということになったわけである。わたしの考えでは、分析的な政治哲学をもっと社会－歴史的に責任あるものにすること、これが今後の課題だった。どうすればそのようなことができるのだろうか、と。『人種契約』は黒人哲学からそこへ踏みこんだものだと考えることもできる。社会契約論というきわめて立派な政治的装置を借りてきて、それをラディカルなかたちで調整し、全体的な構想のなかに人種の問題を持ちこもうとするものなのである。当時の主流派である分析的政治哲学に見られる白人専用の言説とは別に、近代における有色人種の経験を特徴づけている政治的現実、これを正当に評価する新しい枠組みが必要なのだとわたしは訴えようとした。実際、人種はたしかに存在する。生物学的には存在しないとしても、社会的現実をともなう社会的構築物として存在するのだ。一般的な言い方をすれば人種、特定していうなら白人支配、これが近代社会を作りあげる主軸となっているのであり、そういう現実から知見を得た政治哲学をわたしたちは築きあげることができるし、築きあげるべきなのである。もちろん、それじたいがレイシズムに陥らないようにしながら。

黒人アメリカ人のラディカルな伝統と連帯し、対話するうちに、わたし自身のルーツ、さらにはアフロ－カリブ的な国際主義者への共感を表出することができるようになり、一冊の書物として全体がまとまった（その後の著作もそうだが）。本書のなかで、わたしはひとつの立場を打ちだした。最近になってわたしはその立場のことをブラック・ラディカル・リベラリズムと呼ぶようになった。それは広い意味での改革論者、さらには反レイシズムの立場から、進歩主義者のリベラリズムを見直そうとするものである。(7) 実際、本書の序言を執筆してくれたトミー・シェルビーが、その著書『ダーク・ゲットー——不公平、不賛同、そして改革』のなかで書いているように、呼び方はそれぞれだが、これは多くの黒人政治思想家たちが歴史的にとってきたひとつの立場なのであり、それはまたさまざまな立場からなるひとつの集合でもあるのだ。(8) 細かい点については、シェルビーとわたしは意見が合わない。とくにロールズをどう読むかという点については意見が合わないかもしれない。ただ、大枠では一致している。（ジェンダー研究に当てはめて考えてみてほしい。フェミニストのリベラリズムにもかなり多様性があるだろう。(9)）発想としては、ブラック・フェミニズム批判を念頭におきつつ、人種に対する感性を備えたかたちでリベラリズムを取り戻すということである。例えば、シャテマ・スレッドクラフトの著作で強調されているように、人種差別的な抑圧とそれに合わせて修正された人種的公平さという概念について考えていく必要があるということだ。この概念によって両者の交差的な性質――黒人女性の出産の権利が歴史的に踏みにじられてきたような――が浮き彫りになる。(10)

以下、この構想をわたしなりに説明しておく。ブラック・ラディカル・リベラリズムは必然的に「白人の」ヨーロッパ的さらにはヨーロッパ－アメリカ的な政治的伝統と密接に、しかも決定的なかたちでかかわる。実際、そういった政治的伝統をまったく別物として語ることは、それをはっきりと区別された全体として具体化し、別の領土として地図化してしまう恐れがある。ブラック／アフリカーナの伝統に見られる全体的な論点は、同一の領土に修正を施しながらその地図を作成することにある。別々の政治的世界が問題なのではなく、「同一の」政治的世界に対する支配者《ヘゲモニック》からの観点と従属者《サバルタン》からの観点――社会的に優位な立場と社会的に隷属的な立場とでは経験や見方がかなり異なるとしても「同一の」世界を対象としている――の問題なのだ。

記述的な観点と規範的な観点のどちらも必要になる。つまり政治空間の規範的な境界線と内的な区分けを再設定すること、さらに支配秩序からは一般的に無視されるか、あるいはもっと強烈に真っ向から否定されているような規範的な問題を取りあげること、この二つが必要なのだ。西洋の自由主義国家と、そういった国に自由主義――ロールズはこれを互いの利益のために協力して取り組む冒険的事業だと見なすよう勧める――を押しつけられた国、こういった国は白人至上主義的な国家だったのである。レイシズムは例外などではなく、そういう国の「基本構造」〈ロールズの言葉〉のなかに植民地主義的で帝国主義的な権力として、搾取のための植民地として、人種的財産としての奴隷制社会として、白人入植国家として、本質的に組み込まれていたのだ。とはいえ、白人至上主義（という規定）はまだ認知されていない（記述的にも概念的にも避けられている）ので、人種的公平というテーマは周縁に追いやられる（規範的にも規定的にも避けられる）。その結果どうなったか。半世紀にわたる白人による西洋のリベラルな社会正義論、これである。

わたしの論点をまとめるとするなら、西洋の政治理論に見られる社会契約のメタファーは一九七〇年代以降にロールズが復活させ、いまはそれが標準的に用いられるようになっているのだが、それは先に述べたような現実を客観的に表象するための中立的な装置ではなく、理論的にひどくバイアスのかかった偏向的な装置になっているということである。一方、わたしたちが取り組むべきなのは「支配契約」という対抗的で、より使い勝手のいいメタファーであり、人種契約の場合のように、それは人種にかんして用いられることもあるし、ほかの文脈で用いられることもある[11]。そうすることによって、リベラルな言説のなかでもっとも影響力のある系統に関与し、西洋による人種差別的な支配やその後の人種差別的な不正の犠牲となっている有色人種たちに声を与えることができるようになる。こうして社会的正義の問題は、なによりも修正をともなう正義の問題となるのだ。人種契約が作りあげた人種差別的な基本構造をどう取り壊すのか[12]。反帝国主義、反植民地主義、奴隷制廃止、反アパルトヘイト、反レイシズムといった数々の闘争の長い歴史のなかに根づいている有色人種の政治的テクストを、別の概念世界に格納してしまうのではなく、ひとつの言説空間のなかで取りまとめ、そこで主流派の理論が抱えているものとまったく同じ問題に取り組むのである。人種を避けるようなかたちではなく、人種から知見を得るような研究にもとづいてその問題に取り組むのだ。

本書の記念版を出すということは楽しみであると同時に、過去を振りかえる機会でもある。わたしがこの序文を書いているあいだにも、新しい世代の政治哲学者や理論家たちが構造的な人種差別的不正の問題についてグローバルに検証を進めている。ジョージ・フロイド以降の世界は、人種にまつわる過去を二度と政治的に忘却したりしない——これが一般的な願いだろう。このプロジェクトを進めるうえで、『人種契約』が価値のあるテクストとしていつまでも役に立ってほしいとわたしも願っている。楽観主義的でいられる理由はいくつかあるが、それでも批判的人種理論や人種にかんする批判哲学に対する反発も生じつつある。西洋のさまざまな国——とくにアメリカ、イギリス、フランス——における強烈な政治権力がそういう著作を反体制的で、既存の秩序を脅かすものと見ている[13]。もちろん、ある意味でそういった国はまったく正しいのである。白人による人種差別的な支配にもとづいてそういった秩序が築きあげられてきたことを考えるならまったく正しいのだ。そういった国が反対してくれるおかげで、『人種契約』における診断の有効性がはっきりしてくるし、リベラリズムというものは排除にもとづいて人種を差別してきたものであり、またいまでもそうなのだということが分かるし、有色人種を実質的に受け入れるにはまだ抵抗があるのだと確信できるようになる。人種契約を終わらせるためには、この現実を認め、立ち向かうしかない。人種的公平を求める闘争はつづく。しかし、それを押しとどめようとする反動もつづくのだ。

人種契約

白人が「公平さ《ジャスティス》」って言うときは、「自分たちだけにとって公平《ジャスト・アス》」という意味だ。

黒人アメリカ人の民間伝承より

序章

白人至上主義は、近代世界を今日の姿にまで作りあげた名もなき政治体制である。初級者向けのものであれ、かなり上級者向けのものであれ、政治理論の教科書にこの言葉が出てくることはない。学部学生のための標準的な哲学コースはプラトンとアリストテレスにはじまり、おそらくアウグスティヌス、アクィナス、マキャヴェリに触れたあと、ホッブズ、ロック、ミル、マルクスへと進み、ロールズとノージックに辿りつく。そこで紹介される概念は、貴族政治、民主主義、絶対主義、自由主義、代議政治、社会主義、福祉資本主義、リバタリアニズムといったところだろう。二千年以上にわたる西洋の政治思想を網羅し、政治体制のあらゆる領域を見渡しているにもかかわらず、この数百年、世界を形作ってきた基本的な政治体制にかんする言及はない。この省略は偶発的なものではない。むしろ、このことは標準的な教科書や教育課程の大半が白人たちによって書かれ、構想されてきたという事実を反映している。かれらはみずからの人種的特権をあまりにも当然視しすぎて、それを政治的なことだと見なさないし、支配の一形態だとも思わない。皮肉なことに、最近のグローバル・ヒストリーのなかでもっとも重要なこの政治体制——白人が非白人を歴史的に統治し、いくつかの重要な点でいまでも統治しつづけているその支配体制——がひとつの政治体制と見なされることはない。それはただ当たり前のことだとされている。政治的なものだと考えるように促されるほかの体制を浮きあがらせるための背景となるのだ。視点を変えて、ある意味ずっとそこにありつづけてきたものに目を向けるよう促すこと、これが本書の狙いである。

アカデミズムを揺るがしている多文化主義、基準修正、民族多様性をめぐる議論から、哲学はいまだ例外的に影響を受けずにいる。人口統計的にも概念的にも、哲学は人文科学のなかでももっとも「白人の割合が高い」学問のひとつである。例えば、北米の大学における哲学者のうち、黒人が占める割合はたった一パーセント——一万人超のうち百人程度——であり、ラテン系、アジア系、ネイティヴ・アメリカンの哲学者が占める割合はそれよりさらに低くなる。[1] 当然、このような割合の低さに対するなんらかの説明が必要だろう。わたしの考えでは、哲学が扱う諸問題の概念的な配列や標準的なレパートリーにある程度手がかりを求めることができる。そういった哲学的諸問題は抽象的で、人種的マイノリティの経験を本格的に取りいれるよりもむしろ、一般的には黙殺する。人口統計的には（白人）女性が数の点で上回っているため、職業としての哲学者の割合で言えば、非白人の哲学者よりも女性の哲学者のほうがはるかに多い（それでも人口に占める女性の割合からするとまだ釣り合っていないのだが）。しかも女性哲学者たちはオルタナティヴな概念化を発展させてきたという点で、非白人哲学者たちよりもはるかに進んでいる。道徳や政治の理論に取り組むアフリカ系アメリカ人哲学者たちは、白人の同僚たちの研究と区別できないような一般的な研究に向かうか、あまり攻撃的に議論を展開しないようにローカルな問題（積極的格差是正措置《アファーマティヴ・アクション》、黒人下層階級《ブラック・アンダークラス》）とか歴史上の人物（W・E・B・デュボイス、アラン・ロック）に焦点を絞るか、そのどちらかである。

人種や白人レイシズムをめぐる議論を位置づけ、そこから白人の政治哲学に見られる諸前提に斬りこむためのグローバルな理論的枠組みがいま求められている。それは、伝統的な道徳理論や政治理論に対して、ジェンダー、父権制、性差別主義を中心に位置づけようとするフェミニズム理論の立場とも呼応するだろう。言い換えるなら、レイシズム（あるいは、これから述べていくように、グローバルな白人至上主義）はそれじたいがひとつの政治体制なのだという認識がいま求められている。すなわち、レイシズムとは、公式か非公式かを問わない支配形態、社会経済的な特権、さらには物質的な富や機会、利益と負担、権利と義務の差別的分配のための規範、そういったものからなる特殊な権力構造である、という認識が必要なのだ。ここでわたしが提案するのは、人種契約という概念であり、これは主流派の理論との接続を可能にするひとつの手段となる。というのも従来の契約論において発展的に用いられてきた語彙や概念を人種契約の概念に対しても使用することで、いまだ認知されていないこの体制の地図を作成することができるからである。結局のところ、契約の話が、この時代の政治的共通言語なのだ。

「契約」という概念はみな知っている。二人ないしそれ以上の人間が合意のもとでなにかをすることである。「社会契約」はこの発想をただ拡大したものだ。人間はもともと「自然状態」にあると想定した場合、その次の展開は以下のようになる。その人間たちはみずから決心して市民社会や政府を作りあげようとする、と。こうしてわたしたちはひとつの理論にたどり着く。政府というものは、それぞれ平等と見なされているひとびとの一般的な同意にもとづくものである、と。[2]

ただ、わたしがいま述べようとしている特殊な契約は、西洋の政治理論において重要な位置を占めてきた社会契約の伝統にもとづくものであるとはいえ、すべての人間（「われら人民」）のあいだの契約ではない。ただ力のあるひとびと、人間として実際に存在するひとびと（「われら白人たち」）のあいだの契約である。したがってそれはひとつの人種契約なのだ。

社会契約は、本来のかたちであれ、現代のものであれ、社会や政府を見るための強力なレンズを一式作りあげる。とはいえ集団的な権力や支配といった醜い現実にレンズが曇らされているので、補修をほどこさないかぎり、いま世界がどうなっているのか、どうしてそうなったのかを完全に捉えそこなう。ひとつの理論としての「人種契約」――人種契約の理論について論じる際には、人種契約そのものと区別するために鉤括弧をつける――が解き明かそうとするのは、人種契約は現実であるということ、社会契約の諸条項を人種差別主義者はあからさまに侵害しており、そのことが実際、人種契約を存続させているということである。

「人種契約」の目的は、現在たがいに大きく隔離されている二つの領域を概念的に橋渡しすることにある。つまり一方には、正義と権利を抽象的なかたちで熱心に議論している主流派（すなわち白人）の倫理学と政治哲学の領域があり、もう一方に、征服、帝国主義、植民地主義、白人の入植地、土地の権利、人種およびレイシズム、奴隷制、ジム・クロウ、賠償金、アパルトヘイト、文化的真正性《オーセンティシティ》、国家的アイデンティティ、先住民の権利擁護運動《インディヘニスモ》、アフリカ中心主義といった[3]問題に歴史的に焦点をあてる先住アメリカ人、アフリカ系アメリカ人、さらには第三世界、第四世界の政治思想の領域がある。いま挙げたような問題は主流派の政治哲学にはめったに出てこないが、[4] 世界人口の多数派が展開している政治闘争にとっては中心的な問題でありつづけている。これらが真面目な哲学と思われているものからこうして抜け落ちているのは、真面目さが足りないということではなくて、西洋のアカデミックな哲学者たちの大多数（真面目さが欠けているのはかれらのほうかもしれない）を占めている色が反映されているからである。

伝統的な社会契約論の大いなる美点は、社会や政府の起源および機能についての現実的な問題に対しても、社会経済の諸構造および政治機構の正当性について規範となるような問題に対しても、率直に答えようとしていたところにある。もっというなら、当時の「契約」はきわめて柔軟で、自然状態や人間の動機づけ、ひとが手放したり保持したりする権利や自由、合意の詳細、その結果生じてくる政府の特徴といったものをさまざまな理論家たちがどう考えるかによって変化したのである。現代で言えば、ロールズの契約論にもこのようなしなやかさは見られる。というのもロールズは古典的契約論の歴史的主張をしりぞけ、社会の基本構造の正当化に焦点を絞るからである。[5] 社会や国家の起源および発展にかんする人類学もどきの壮大な解説が最盛期を迎えたのは一六五〇年から一八〇〇年にかけてのことで、それ以来、契約というものがひとつの規範的ツール、つまり公平性についてのわたしたちの直観を引きだすための概念装置となったのである。

とはいえ、わたしの用法はそれとは異なる。わたしが用いる「人種契約」の概念は、ある意味で古典的な契約論者たち――ホッブズ、ロック、ルソー、カント――の精神を受け継ぐものだ。[6] わたしがこの概念を用いるのは、社会的な公正さや不公正について判断をくだす規範を定めるためだけではない。社会と国家は実際にどう発生するのか、社会はどういうふうに構造化され、政府はどのように機能するのか、さらには道徳をめぐってひとびとの心はどう動くのかを明らかにし、記述するためにもこの概念を用いる。[7] 契約という言葉が、明らかに非理想的な社会を説明するために用いられている例としてもっとも有名なものはルソーの『人間不平等起源論』（一七五五年）である。いまの哲学用語で言うなら「自然化された」非理想的社会の説明ということになるだろう。ルソーが論じているのは、自然状態における技術的な発展が社会を発生させ、その社会では富者と貧者のあいだに財産による差別化が進むということである。こうして分割されたものは、詐欺的な「社会契約」によって固定化され、永続的なものにされる。[8] 理想的な契約は、公正な社会が形成され、道徳的な統治によって管理され、まっとうな道徳規範によって統制されるようすを明らかにするものだが、ルソーの言う非理想的で自然化された契約は、不公平で搾取的な社会が、抑圧的な政府によって支配され、反道徳的な規範によって統制されながら登場してくるようすを明らかにする。理想的な契約が支持され、模倣されるべきものであるとするなら、この非理想的で自然化された契約は、神秘性を剝ぎ取られ非難されるべきだということになる。したがって非理想的な契約を分析する目的は、それを認めることではなくて、現実的に非理想的な国家の不平等さを暴いて解き明かすために、さらにそういった不平等さを擁護して打ちだされる理論や道徳的正当化を見通すために、それを利用することである。非理想的な契約は、社会政治的な体制が実際に内包している論理をX線撮影のように見せてくれる。非理想的な契約がわたしたちにとって規範となる効果をもたらすのは、それじたいがもっている価値――これは唾棄すべきものだ――によるものではなく、その政治体制《ポリティ》が抱える実際の歴史を理解し、さらにはこういった価値や概念がいかに圧政を合理化するのかを理解し、それを改善できるようにしてくれるからである。

キャロル・ペイトマンが十年ほどまえに出した挑発的なフェミニズムの著作『性契約』〔日本語訳『社会契約と性契約』〕はこうしたアプローチのよい例である（わたし自身の用法はやや異なるとはいえ、本書のインスピレーションをわたしはここから得た）。ペイトマンのこの著作は、契約のなかにいまだにどれだけの記述的／説明的な力があるのかを示している[9]。ペイトマンは、今日実際に存在している非理想的な男性中心社会の内的な力学をモデル化する方法として、この契約を自然主義的な観点から用いている。先に示したように、これは、契約というものは歴史的な説明を要するという、「人類学的な」本来のアプローチに先祖返りするものだ。とはいえ、そこにひねりがあることは言うまでもない。かの女の狙いはいまやひっくり返すこと、すなわち表面的には性中立的に見える社会契約をひそかに裏で支えている不公正な男性的契約を掘り起こすことなのである。まるで西洋社会とそこに蔓延する政治イデオロギーや道徳イデオロギーが、いまだ認知されていない「性契約」にもとづくものであるかのように見立てることで、ペイトマンは「推論的な歴史」を打ちだす。それによって古典的契約論者たちの矛盾点、言い逃れ、はぐらかしが受け入れられていく規範的論理を見つけだしては暴露し、同時に父権制が支配する領域をも暴きだす。古典的契約論者たちの著作はそういう父権制支配の正当化に一役買っているというわけだ。

本書におけるわたしの狙いは、非理想的契約を修辞的な表現技法および理論的手段として捉えることによって、人種的支配の内的論理を解きほぐし、それがいかに西洋その他の政治体制を作りあげているのかを明らかにすることである。理想的な「社会契約」は、社会領域を理解し、評価するための西洋政治理論の中心概念とされてきた。認識には概念が不可欠だ。認知科学者たちが指摘しているように、概念があるおかげでわたしたちは分類し、学習し、記憶し、推論し、説明し、問題を解決し、一般化し、類推することができる。[10] 同時に、適切な概念がない場合は、学習が滞り、記憶が妨げられ、推論は遮られ、説明は先に進めず、いつまでも問題は解決されない。そういうわけでわたしは以下のことを提案しようと思う。ひとつの中心概念としての人種契約という発想は、政治理論において現在主流となっている人種を考慮しない考え方よりも、わたしたちがいま生きている世界の本当の姿を、さらにはその規範的な理論や実践から歴史的に抜け落ちているものをいっそう浮き彫りにしてくれるのではないか、と。[11] 事実のオルタナティヴな概念化という第一のレベルにおいても、正統的な諸理論の批判的分析という二次的な（内省的な）レベルにおいても、わたしたちは「人種契約」という概念をとおして、西洋政治理論の主流派に人種の問題を持ちこむことができるようになる。政治哲学を実践し、その統治体制がどのように作られ、それをさらに公平なものにしようと規制するうえでなにが価値づけられていくのか、契約論はそこのところを理論化するための便利な手段だと考えられる。そうであるとするなら、「契約」というものが実際は本来どういうものだったのか、いまはどういうかたちで存続しているのか、これを理解することが間違いなく重要になってくる。そうしてはじめてわたしたちは、理想的な「契約」の構築にむけて間違いを正していくことができるようになるのだ。したがって「人種契約」は白人の契約論者たちにも当然熱意をもって受け入れられることになるだろう。

以上のことを踏まえたうえで、本書は三つのシンプルな主張で構成されていると考えてもらってかまわない。まず存在をめぐる主張——白人至上主義は、ローカルなものであれグローバルなものであれ、長いあいだ存在してきたし、いまも存在している。さらに概念をめぐる主張——白人至上主義はそれじたい政治体制だと考えてしかるべきものである。そして方法論をめぐる主張——政治体制としての白人至上主義は、白人どうしの「契約」すなわち人種契約にもとづくものとして明確に理論化することができる。

以下、人種契約にかんする十篇の論考を三つの章にわけて提示する。

第一章　概説

人種契約を概観するために、まずは古典的な社会契約や現代の社会契約との類似点および相違点に目を向けてみよう。人種契約は政治、道徳、認識論にかかわる。人種契約は現実的なものである。経済の観点から言えば、人種契約は、だれがなにを手に入れるのかを決定づけるという点で、搾取にまつわる契約なのである。

人種契約は政治や道徳、認識論にかかわる。

「社会契約」は実際のところ、いくつかの契約がひとつになったものである。今日の契約論者たちはふつう政治契約と道徳契約とをまず区別し、そのうえでそれぞれの内部に（副次的な）区分を設けようとする。ただ、わたしがここで言いたいのは、正統的な社会契約には「認識論的な」契約も暗黙のうちに想定されているということ、また、人種契約を考えるうえでその点を明らかにすることがきわめて重要だということである。

政治契約は、統治の起源を明らかにし、また、そこにわたしたちは政治的な義務を負っているということを説明する。政治契約においては、社会を築きあげるための契約（それによって「自然」で前社会的な個人は自然状態から連れだされ、集団の構成員として作りなおされ構成される）と国家を築きあげるための契約（自然状態において手にしていた権利や権力を、全体を統治する君主にそのまま明け渡すか、信頼関係にもとづいて委任する）とのあいだに区分をもうける場合がある。[1] 一方、道徳契約は、社会のために定められた道徳的な規範の礎となる。この規範によって市民はみずからの行動を律すると考えられている。ここでの副次的な区分は、道徳契約と自然状態の道徳性との関係をめぐる二つの解釈（以下で検討する）にもとづく。今日、さまざまなタイプの契約がある。言うまでもなくロールズの言う契約がもっとも有名だ。さまざまなタイプの契約があるなか、政治契約は大部分が消滅し、古典的な契約論者たちによる単純な社会起源史にとってかわって、現代文化人類学が長らく幅を利かせるようになっている。そこでほとんど独占的に注目を集めているのが道徳契約である。これは自然状態を脱したあとに生じた実際の歴史的な出来事として構想されるものではない。むしろ、自然状態は弱体化したかたちで存続している。ロールズの言う「原初状態」がそれだ。「契約」はあくまでも仮定にもとづく実践（思考実験）である。というのもそれは、権利、義務、自由といったものをずらりと並べて、公正な「基本構造」と仮定されるものを築きあげるのであり、この権利、義務、自由の総目録によって、市民たちの道徳的な心のあり方、権利という概念、自尊心という発想などが形成されていく(2)。

さて、人種契約そのもの——さらに理論としての「人種契約」、つまり一歩ひいたところから人種契約を批判的に検証すること——は、社会政治的であり、また道徳的でもあるという点で、古典的なモデルを引き継ぐ。社会はどのように形成されたのか、あるいは決定的に変化させられたのか、その社会のなかの個人はどのように構成され、国家はどのように築きあげられたのか、さらには特定の道徳規範や道徳的な心理状態がどのように存在するようになったのか、そういったことを人種契約は解き明かす。(すでに強調しておいたように、「人種契約」は現状を把握しようとするものであり、どのようにそうなっていったのかを説明しようとするものである。それは記述的なものであり、また、あるべき姿を示すという意味で規範的なものでもある。というのも実際、白人による政治哲学に対する「人種契約」の側からの不満のひとつは、まさにそれが空論めいたものだということ、つまり根本となる政治的現実を無視しているということだ。) ただ、これから見ていくように、人種契約は認識論にもかかわる。それは人種契約に署名するものが従わねばならない認識の規範を定めるものなのである。その性質をあらかじめ示すとするなら、以下のようになるだろう。

人種契約とは、人類のなかのひとつの部分集合に属するひとびとのあいだで交わされるあの公式・非公式の合意あるいはメタ合意(契約にかんするより高いレベルの契約のこと。諸契約の効力がどこまで及ぶのかを定める)のことである。以降、この部分集合に属するひとびとは「人種的」(形質表現《フェノタイプ》的/系譜学的/文化的)な基準C_1、C_2、C_3……の「白人」というかたちで示され、これが完全な人間の階級ということになる(ジェンダーによる差別化を参酌しながら)。人類のなかの残りの部分集合は「非白人」として分類され、道徳的に異質で劣った従属的人間と見なされる。そうすることによって、白人たちは、自分たちがすでに暮らしている、白人のための、白人が支配する政治体制のなかに、もしくはかれらが築きあげる政治体制のなかにひとりの従順な市民を作りあげていく。あるいはそういう政治組織体の部外者として位置づけて取引しながらひとりの従順な市民を作りあげていくのである。本来、白人たちが互いに取引する際にみずからの行動を律する道徳や法律の規範は、非白人との取引ではまったく適用されないか、適用されるにしても条件づけられているか、そのどちらかである（これは変化しつつある歴史的状況や、特定のタイプの非白人がどの程度かかわっているかによって決まる）。ただ、いずれにしても、この契約の全体的な狙いはずっと変わらない。つまり、非白人をひとつの集団と見なし、それとは異なる集団として白人たちを特権づけ、非白人の身体、土地、資源を搾取し、かれらに社会経済的機会を平等に与えないことである。署名しない者もいるが、すべての白人がこの契約の恩恵を受ける。(3)

そういうわけで、人種契約は、人類のなかの非白人の部分集合が心から賛同できる契約ではないということが分かるだろう（これも状況次第では、契約に賛同しているふりをすることが賢明な場合もあるだろうが）。むしろこれは、非白人のうえに立つ白人というカテゴリーのなかでの契約なのであり、非白人はこの合意の主体ではなく、むしろその対象なのである。

政治、道徳、認識論のいずれにかかわるものであれ、古典的な社会契約の論理は、その後、状況に応じて変化していく鍵概念や原理にあわせて屈折を強いられることになる。

政治的には、社会や政府を築きあげ、それによって人種なき抽象的な「ひと」を、自然状態にある住人から社会的な生きもの——政治的には中立的な状態であれといわれる——へと変化させるための契約が、ひとつの人種統治体制の基礎となる。それが白人入植者の国であろうが、ときに「一時滞在者植民地《ソウジャーナー・コロニー》」と呼ばれるものであろうが関係ない。そこに白人の存在をうちたて、すでに存在している数々の社会（こちらのほうがやや人口が多くて、バラバラになることに対する抵抗感がいっそう強い）を植民地支配するのである。さらに、植民地化を進める本国もまたこういった新しい政治体制によって変化させられ、その市民たちも作り変えられる。

社会契約において人間は決定的に変容する。「自然な」ひとが「文明化された／政治的な」ひとへと変わり、自然状態の住人が、創られた社会の市民へと変わるのである。この変化は、そこにかかわってくる理論家しだいで大なり小なり極端なものになる場合がある。ルソーの場合、それは劇的な変化であって、この変化によって、食欲と本能からなる動物のような生きものが、正義とみずから定めた法によって義務づけられた市民となる。ホッブズの場合、それはやや穏やかな出来事であって、おもに自分のことだけを考えているひとびとが、自分たちのために利己心を抑えるようになる。[4] ただ、どの場合でも、本来の「自然状態」があらゆる人間の状態をあらわすものとされており、社会的な変化も同じようにすべての人間に作用することになる。

一方、人種契約の場合、人間の集まりを「白人」と「非白人」というかたちであらかじめ概念的に区別し、それに合わせて変化させていくところに決定的な違いが見られる。こうなると、かつて「自然状態」がはたした役割は根本的に違ったものになる。白人入植者の土地において、その役割は「すべての」人間（実際は白人だが）の前政治的な状態を画定することがその中心となるわけではなく、永遠に前政治的な非白人の状態、あるいは非政治的な状態（「前」という接頭辞が内的に移行していく方向を示すものであるというのなら）と言ったほうがよいかもしれないが、そういう状態を画定するものとなる。つまり社会を作りあげるということはひとつの社会がすでに存在していたということを打ち消すことなのである。社会の創生には白人の介入が必要になるということであり、白人はすでに社会政治的な存在として想定されることになる。すでに（定義上は）社会の一部である白人たちは、いまだ社会の一部になっていない非白人、すなわち野生、ジャングル、荒地との関連で性格づけられる自然状態の「野蛮な」住人としての非白人と遭遇する。こういったひとびとを白人たちは、従属的な市民として部分的に社会にとりこむか、保護区に追い払うか、存在そのものを否定するか、皆殺しにする。植民地の場合、もともとそこにあったと考えられてはいても、（あれやこれやの理由で）欠陥があると見なされた数々の社会（退廃的で、停滞的で、堕落した）が乗っ取られることになり、非白人の原住民たちの「利益」のために管理されることになる。非白人の原住民たちはまるで子どものように見なされ、自分を律することができず、自分たちの問題を管理することができず、したがって国家に保護されて当然だと見なされる。こうして原住民たちは「野蛮人《サヴィッジ》」というよりもふつうは「未開人《バーバリアン》」として特徴づけられる。かれらの自然状態はなにか遠くにあるものなのである（もちろん、ヨーロッパ人の自然状態――そんなものがかつて存在したとしての話だが――ほど遠くにあるものでもなければ、過去に埋没したものでもないのだが）。しかし、危機の時代になると、未開人と野蛮人というこの二つの概念上の距離は縮まるか、消えてなくなる。というのも、非白人たちに対するこの人為的な区分など、白人と非白人とのあいだの中心的な区別に比べればまったく重要ではなくなるからである。

いずれにせよ、やり方は異なるが、人種契約は人種統治体制、人種国家、人種法体制を作りあげ、そこでは白人と非白人の地位が、法によるか慣習によるかはさておき、はっきりと画定される。古典的な契約主義の中立状態とは対照的に、こういった国家の目的は、なにをおいてもまずこの人種序列を維持し、再生産することであり、完全に白人である市民たちの特権と優越を確保し、非白人の従属を持続させることなのである。それに合わせて、白人市民たちに期待される「同意」は、あからさまなものであれ、暗黙のものであれ、人種序列への同意、白人優位への同意、つまり白人主義と呼ばれるものへの同意として部分的に概念化されていく。形質表現的《フェノタイプ》/系統的/文化的に白人として分類されるものが、白人であることの市民的で政治的な責任をまっとうできない場合、かれらは市民としての義務を放棄しているということになる。つまり、人種というのは、一見したところ人種なき西洋の理念に「追加されたもの」でもなければ、「そこから逸脱したもの」でもなく、はじめからそういった理念を成り立たせている中心的な構成要素だったのである。

社会契約の伝統のなかでは、道徳契約と政治契約とのあいだに主として二つの可能な関係が見られる。一方の観点から見ると、道徳契約は、あらかじめ存在する客観論的道徳性（神学的なものであれ、世俗的なものであれ）を表象するものであり、政治契約の諸条項を規制する。こういった見方はロックやカントに見られる。言い換えるなら、たとえ警察や裁判官がそれを行使せずとも、自然状態そのもののなかに客観的な道徳規範が存在するというわけである。いかなる社会、政府、法体系が作られようとも、この道徳規範にもとづくものでなければならない。もうひとつの見方の場合、政治契約はひと揃いの慣習論的規則としての道徳を作りだす。したがって、ひとつの道徳規範が別の規範にまさると判断したり、社会に打ち立てられたひとつの道徳が不公正なものであると示したりするための独自の客観的道徳基準は存在しない。こういった考えはホッブズのものとされることが多いが、それによると、道徳というものは、自分と同じことをしようとするひとたちと衝突せずに、みずからの利益を合理的に追求し、うまく整合させるためのひと揃いの規則にすぎないということになる。[5]

　人種契約はこういった二つの方向性のどちらにも適合する。ただし、後者（ホッブズに見られる契約）よりも前者（ロックとカントに見られる契約）のほうが契約の伝統としては主流派になっているので、ここでは前者に焦点を絞る。[6]前者の場合、よい政治体制は、もともと存在する道徳基盤にもとづくものとされる。政治体制の概念としてはこちらのほうがホッブズの見方よりも明らかにずっと魅力がある。政治行動においてわたしたちが望むべき客観的に見て公正な都市国家《ポリス》と言えば、西洋の伝統をずっとさかのぼってプラトンにまでたどりつく。近代にいたるまで契約論に影響を与えつづけている中世キリスト教的世界観には、宇宙の成り立ちに内在する「自然法」というものがあり、この理想を手に入れようと努めることでわたしたちは道徳的に導かれるとされる。[7]（その後の世俗的な契約論では、こういう発想はシンプルに以下のようなものとなる。人間であるというその性質のために、たとえ自然状態であってもひとびとには権利と義務がある、と。）そういうわけで、たとえそれが間違いであると書き記した人間の法がなくとも、自然状態における窃盗、強姦、殺人は間違った行為なのだということになる。こういった道徳原則は、政治体制が成立するときに作られる人間の法や、割り当てられる市民権にまで制約を加えるにちがいない。そのなかで一部機能する政治契約は、すでにそこにある道徳を規範化し、書き起こし、詳細を定めるだけである。神聖なかたちで植えつけられた道徳意識あるいは良心に頼る必要はない。そういうものは個人的な利害関係によって歪められる場合もある。自然状態においてなにが正しく、なにが間違っているのか、なにが公正で、なにが不公正なのか、これが社会における正しいことと間違ったこと、公正なことと不公正なことを概して決定づけることになる。

そういうわけで、このような客観的な道徳基盤の特性が間違いなく重要になってくる。契約論の伝統における主流派にとっては、自然状態におけるすべての人間の自由と平等、これがその特性ということになる。『市民政府論 第二部』のなかでロックが書いているように、「政治的な権力を、その起源にまでさかのぼって正しく理解するためには、すべての人間が本来的に置かれている状態について考えなければならない。みずからの行動を律することができる完全に自由な状態……それはまた平等の状態であって、そこではすべての権力と法が相互的で、他人より多く所有するものなどだれひとり存在しない」[8]。カントの場合も同じく、それは平等で道徳的な人間性ということになる[9]。契約論は道徳的平和主義、つまりすべての人間は道徳的に平等だという考えにもっぱらかかわる（と思われている）。すなわちすべての人間の利益がひとしく重要なのであって、すべての人間が同じ権利をもたなければならないという考えにかかわるとされている。契約論はまた封建的な古い政治体制に見られる伝統主義的な階層イデオロギー、つまり生まれながらに与えられた地位と生まれながらの服従というイデオロギーに反する原理や前提ともかかわる。平等にまつわるこういった言葉がアメリカ革命やフランス革命、独立宣言や人権宣言のなかにくりかえしあらわれる。市民社会における権利と自由の分配によって保持しなければならないのは、こういった道徳的平和主義なのである。近代の西洋社会において、ひとびとが権利と自由を主張し、平等に扱われていないといって怒りを表明するとき、知ってか知らずかはさておき、かれらが訴えかけようとしているのはこういった古典的な考え方なのである。

ただ、これからさらに詳細に見ていくように、人種契約という肌の色でコード化された道徳は、こういった生まれながらの自由や平等の所有を白人だけに制限する。非白人は自然法の義務をまったく分かっていないからという理由で、あるいはせいぜい不完全に、近視眼的にしか理解していないという理由で、道徳という名のはしご（存在の大いなる連鎖[10]）の下の段に都合よく格下げされる。要するに、非白人たちは生まれながらに不自由で、不平等なのだと決めつけられるのである。こうして、区分けされた社会的存在論が作りだされ、宇宙は人間と、人種的に一段下の人間、劣等人間《ウンターメンシェン》とに二分される。劣等人間は黒、赤、茶、黄——奴隷、原住民、被植民地人——と多様なものになりうるとはいうものの、集合的に「隷属人種」として都合よくひとくくりにされてしまう。この劣等人間たち——黒人奴隷《ニガー》、インディアン《インジャン》、中国人《チンク》、インド人《ウォッグ》、メキシコ人《グリーサー》、オーストラリアのアボリジニー《ブラックフェロウ》、南アフリカの黒人《カフィル》、インド系日雇い労働者《クーリー》、オーストラリア原住民《アボ》、東洋人《ディンク》、フィリピン人《グーグー》、韓国人《グーク》——は、白人よりも下の位置に定められた規範的な権利の天井を突き破ることがないと生物学的に決定づけられる。それ以降、公に認められているかどうかはさておき、西洋の道徳思想や政治思想が発展するなかで提起されてきた倫理にかんする壮大な理論にはもちろん制約があって、その支持者たちは公然と、あるいは暗黙のうちに、それが白人だけに限られていることを当然と見なすようになる。

人種契約の諸条項の適用範囲は、ひとつのまとまりとしての白人の道徳ということになる。生まれながらの権利や義務をめぐるロックやカントの契約論、あるいは一九世紀の功利主義のようなその後の反契約論といった競合しあうさまざまな理論は、すべて人種契約の諸条項によって制約がもうけられているのである。

最後に、人種契約はそれじたい独特な道徳的・経験的認識論を必要とする。すなわち道徳的に、さらには事実のうえで、なにが世界にまつわる知識と見なされるのか、これを決定するための規範と手続きが必要となる。契約論の標準的な解説において、「認識論」的な契約があるなどということはあまり話題にならない。ただ、契約論に関連する認識論は、自然法というかたちで現に存在しているのである。これはわたしたちに道徳的な方向性を与える。ロックによる従来の論——わたしたちは神によって理性の光が与えられているので正しいことと間違ったことを客観的に識別できる——でも、ホッブズによる修正版——客観的に最適となる慎重な行ない、さらにはみずからの利益を重んじながら他者と協力する際に必要となるものを見定める能力——でも、自然法が道徳の方向性を決める。生まれながらに与えられたこの能力があるからこそ、わたしたちは現実を、事実の側面からも、価値評価の側面からも知ることができる。つまり物事をあるがままに客観的に知ることができるし、そのなにがいいのか、悪いのかを客観的に知ることができる。ここでわたしが提案したいのは、これをさまざまな認識基準のあいだで理想化されたひとつの合意と見なすことができるということだ。そういう意味で、これは数あるもののあいだのひとつの合意、「契約」なのである。世界の解釈としてなにが正しくてなにが客観的であるかをめぐるひとつの見解があって、それに賛同するために、ひとはその政治体制すなわち公の認識論的な共同体における完全な認識的立場が（「契約をとおして」）与えられるというわけだ。[11]

ただ、人種契約の場合、事態はさらに複雑なものにならざるをえない。ひとつの人種統治体制において、事実であれ、道徳であれ、「客観的な」認識の必要条件は、ある意味で、いっそう厳しいものになる。というのも、公的に認められている現実が、実際の現実とは異なってくるからである。このとき、ひとは世界を間違って解釈することに合意する、と言ってもいいだろう。世界を間違ったふうに見ることを覚えなければならないのだ。ただし、こういった一連の間違った認識は、宗教的なものであれ、世俗的なものであれ、白人の知的権威が承認してくれるという確信をもって。

こうして結局、人種にかんする諸問題に対して、人種契約はその署名者たちに逆さまの認識論、無知の認識論、局所的で、しかもグローバルな認識上の機能不全（ただし精神と社会においてそれは機能する）という特殊なパターンを規定するのであり、その結果、皮肉にも白人たちは一般的に自分たちが作りあげた世界をいつまでも理解できないということになる。「白人」として作りあげられるとはどういうことか（社会政治的な契約の変容）。白さを獲得するため、すなわちひとりの白人になるために必要なことはなにか（検定証が交付される儀式が思い起こされる。そこには盛大な通過儀礼がともなう。「おめでとう。これでようやくきみも正式に白人となる！」）。社会の諸相をそのまま見て、本当の意味で理解することを妨げる認識モデル、これがその答えのひとつである。白人の署名者たちは、作りだされた妄想世界、人種的空想世界、ウィリアム・ギブスンによるサイバースペースの有名な定義を借りるなら、「共感的幻覚」にどっぷりはまって生きようとする。ただし、この特殊な幻覚世界は現実空間に位置づけられるのだが。(12)白人が作る神話はたくさんある。作られたオリエント、作られたアフリカ、作られたアメリカ、それにともなってでっちあげられるひとびと、存在しない国に存在しないひとびと——キャリバンやトント、マン・フライデーやサンボ——が住んでいたり、とはいえ、旅行者の語りや民話、大衆小説、教養小説、植民地の報告書、学説、ハリウッド映画などをとおしてかれらの存在が仮想現実になったりもする。かれらは白人の想像世界に住んでおり、その空想が現実世界で怯えているひとびとに押しつけられる。(13)一般的に、人種にまつわる問題をめぐる白人の誤解、間違った表象、言い逃れ、自己欺瞞は、過去数百年のなかで、もっとも蔓延した心理現象のひとつであるといってもいいだろう。それは征服し、植民地化し、奴隷化するうえで心理的に求められる認識と道徳の効率的な編成なのである。しかもこういった現象は決して偶発的なものではなく、人種契約の諸条項によって規定されている。そこには、白人統治体制を打ちたて維持するための、社会構造化された一連の無知や愚かさが体現されているのである。

人種契約は歴史的現実《アクチュアリティ》である。

現代版の社会契約は、かなりまえから、社会や国家の歴史的起源を説明することができるというようなふりをしなくなった。古典的な契約論者たちは記述も規定もどちらも行なうプロジェクトに専念していたのだが、ロールズに触発された現代の契約は、もっぱら規定をめぐる思考実験となっている。

ペイトマンによる性契約でさえも、理想よりも現実に主眼が置かれているとはいえ、紀元前四〇〇四年〔一七世紀の司教ジェームズ・アッシャーの主張した天地創造の年〕にメソポタミアの平原で男たちがやろうとしていたことをありのままに記述しようなどとはしない。フリードリヒ・エンゲルスがかつて「女性の世界史的な敗北」[14]と呼んでいたものをどのように説明しようとも——かれが理論化したような経済的な剰余の発展というかたちであれ、あるいはラディカル・フェミニストたちが論じているような、強姦する力があると男性が気づいたことや、人間という種のなかで子どもを産まなければならない半分の側にある女性が不利な立場に追いやられたということであれ——、そういうものは古代までさかのぼれば見当たらなくなるのはあきらかだ。

それに対して、人種契約には、皮肉なことに、まだそこまで掘り下げて考察されたことがないとはいえ、実際の歴史的事実であると訴えるだけの強い言い分がある。それは時代を遡ることでうやむやになるようなものではけっしてなく、ヨーロッパの植民地主義や「発見」のための航海によって近代世界が創出されてきたことを物語る一連の出来事のなかにはっきりと歴史的に位置づけることができるものなのである。ヨーロッパの植民地主義や「発見」のための航海は、いまではより適切に、征服のための遠征と呼ばれる機会が増えてきている。数年前〔コロンブスの西インド諸島到達から五〇〇年にあたる一九九二年〕、コロンブス五〇〇年祭という催しがあったが、それに付随して討論、議論、論争、抗議デモがあり、歴史を見直そうとする書籍が相次いで刊行された。それによって多くの白人が、主流派の道徳・政治理論ではほとんど議論されてこなかった不愉快な事実に直面させられたのである。つまり、この五〇〇年のあいだ、ヨーロッパ人による支配というまぎれもない事実があって、グローバルな白人の優位性が徐々に強くなってきた、そうやっていまの世界の土台が形作られてきたのであり、わたしたちはいまその世界に生きている、という事実である。そういう意味で、人種契約は「現実的」であるだけでなく、それはグローバルなものでもあり――社会契約は一般的に国民国家の正統性を打ち立てるためのもので、その国境の内側で道徳や法律を成文化する――、地球全体の倫理‐法律的土台に地殻変動を引き起こすものでもあるのだ。かつてサルトルが言ったように、世界が「人間」と「原住民」に分けられたのである。(15)

そのようにしてヨーロッパ人は「人類の主人」「全世界の主人」としてあらわれ、自分たちの家来である非ヨーロッパ人の立場を決定する力をますます手に入れようとしている。(16) それぞれの行為がそのまま契約の構想や承認につながるわけではない。ただ、一連の行為――教皇勅書やその他の神学上の布告、植民地主義をめぐるヨーロッパ人たちの議論、「発見」、さらに国際法、協定、条約、法的判断、非白人の人間性をめぐる学術的な議論および一般の討論、差別的な扱いを法的に構造化する形式化された制度の確立、加害者を止めることも罰することもできない政府の愚策や黙認と共謀するかたちで効果的に野放しにされる非公式な違法行為あるいは脱法行為の常習化――が、たんに比喩としてではなく、かぎりなくそのままのかたちで、集合的にその概念、法律、規範と同じ性質のものと見なされるようになる。

アンソニー・パグデンが指摘しているように、ヨーロッパの諸帝国をおもな時代区分によって分けるとするなら、「二つの明確な、それでいて相互依存的な歴史」が見えてくる。つまり一四九二年から一八三〇年代にかけての南北アメリカ大陸の植民地化と、一七三〇年代から第二次世界大戦後の時代まで含むアジア、アフリカ、太平洋の占領、この二つである。[17] 最初の時代区分において、まず優先的に決定しなければならなかったことは、ネイティヴ・アメリカンの性質と道徳的地位であり、つぎにこの「新世界」を築きあげるためにその労働が必要とされて連れてこられたアフリカ人奴隷たちの性質と道徳的地位であった。二〇世紀初頭までにヨーロッパの形式的な植民地の規則が世界の大半におしつけられたことで頂点に達することになった二つ目の時代区分では、植民地のひとびとの特性が重要視されることになった。ただ、どの場合にも、「人種」というものが概念上の共通分母になっていて、次第に、優勢と劣勢、優位と隷属、それぞれがグローバルな地位として意味づけられるようになった。ヨーロッパ人対非ヨーロッパ人（地理）、文明人対野生／野蛮／未開人（文化）、キリスト教徒対異教徒（宗教）など、重なりあうところも多い領域で、わたしたちはかれらと対立している。こういった対立は最終的にすべて白人対非白人という根本的な対立に収束していった。

ラムビー族〔ネイティヴアメリカンの一部族〕の法学者であるロバート・ウィリアムズは、原住民の権利に対して西洋の法的な立場が幅を利かせるようになるようすを、中世から近代のはじまりまで追跡したあと、その根底に「ほかのひとびとを［ヨーロッパ的な］世界観に隷属させ、同化させることは正義であり必然である」という前提がどれだけ一貫して見られるかを示した。[18] 当初、こういった知の枠組みは神学的なもので、決められた規範にしたがって仲間に入れるか、排除するかを決めていた。キリスト教徒と異教徒という区別じたいがそのあらわれだった。キリスト教社会、つまり全世界キリスト教連邦を支配するローマ教皇の権力は、「万国の全キリスト教徒に及ぶだけでなく、神を信じない異教徒や異端者にも同様に及ぶもの」と見なされた。このような方針がその後のイスラムに対する聖戦や両アメリカ大陸への航海を支えることになった。教皇の布告によって、無信仰者に権利と良識が授けられることもあった。例えば一三世紀にモンゴル民族と取引したことで、ローマ教皇インノケンティウス四世は「異端者や異教徒もみずからこの世の主導者を選ぶ自然法の権利を所有する」と譲歩し、またパウルス三世が公布した有名な勅令『崇高なる神《スブリミス・デウス》』(一五三七年)には、ネイティヴ・アメリカンは理性的な存在であり、「わたしたちに仕えるために創られた物言わぬ野獣」ではなく、「カトリック信仰を理解することができる本当の人間として」扱わねばならないと書かれていた。[19] ただ、ウィリアムズが指摘しているように、あとのほうの条件づけがつねに欠かせないものになっていた。ヨーロッパ中心の規範にもとづく理性という概念によって、それはキリスト教のメッセージを受け入れることと同義とされ、拒絶した場合は、野獣的な狂気の証拠とされた。

さらに顕著なのは、ネイティヴ・アメリカンの場合、キリスト教の受容は、降伏勧告状《リケリミエント》への合意にもとづくものとされた。降伏勧告状というのは、かれらに対して大きな声で読み上げられる長い声明文で、もちろんかれらには理解できない言語で書かれていた。合意が得られない場合は、かれらに対して正義の戦争が繰り広げられることになる。[20] ある作家は次のように書いている。

> 降伏勧告状は征服を正当化する文書の典型的な例である。インディアンの土地はキリストによってローマ教皇に託されたものであり、したがってスペイン国王に託されたものであるとかれらに伝えたうえで、スペインによる統治を受け入れるインディアンたちは奴隷になることを免れるとする文書なのである。スペイン語が話せないものにとってはまったく理解できないものであった

としても、この文書を読んだということで、土地を強奪したり、そこに暮らすひとびとを即座に奴隷にしたりすることがしっかりと正当化されたわけである。降伏勧告状にかんする「バルトロメ・デ・」ラス・カサスの有名なコメントにあるように、「この愚かさを笑っていいのか、泣いていいのか」分からない。「権利」というものを尊重するように見せかけておいて、降伏勧告状は実際のところ、それを奪うのである。(21)

このようにして事実上、カトリック教会の布告は、征服を公式に正当化するか、あるいは弱いながらも一応倫理の壁が築かれた場所を簡単に通りぬけることができたのである。

啓蒙主義の進展と世俗主義の台頭によって、この戦略的な二分法（キリスト教徒／異教徒）が問題視されたわけでも、ほかの形式に置き換えられたわけでもなかった。フィリップ・カーティンは、「非西洋をめぐるヨーロッパの思考に特徴的に見られる例外主義」、主として「自己であることの確認《セルフ・アイデンティフィケーション》――ならびに「他の民族」であることの確認――にもとづく世界観」について触れている。(22) 同様にピエール・ファン・デン・ベルゲは「その時代の規範となる理論がもつ啓蒙主義的二分法」について書いている。(23) 宗教的な区別（この区別の弱点は、改宗によっていつでも乗り越えられるということだった）に代わって、「人種」がやがてこのような差別化された地位をあらわす形式的なレッテルになっていく。こうしてヨーロッパ人の思考のなかで、ひとつのカテゴリーが時間をかけて結晶化し、そのカテゴリーが、人間そっくり《ヒューマノイド》だが完全には人間《ヒューマン》ではない存在（「野蛮人」「未開人」）や非白人種としてひとくくりにされる存在をあらわすものとして識別されることになったのである。古代ローマ人たちは、帝国の内部にいる文明人と外部の未開人とを区別していた。つまり完全な人間と疑問符のついた人間とを区別していたのである。その影響もあって、ヨーロッパ人たちは二つの層に分かれた道徳規範を打ち立てた。白人のための規則がひとつ、非白人のための規則が別にもうひとつというふうに。[24]

それに合わせて、さまざまな道徳上の教えや法律上の決まりが提議されるようになった。こうして、すべてを包括するものとしての人種契約が、それぞれの状況に合うように調整されながら、特殊なかたちで具体的にあらわれてきたと思われる。こういった教えや決まりは特殊な補足的契約で、ヨーロッパ以外の地域に存在する資源やひとびとを搾取するために作られたものであり、その搾取形態にあわせてそれぞれ没収契約、奴隷契約、植民地契約というかたちになっていく。

例えば「発見の原則」は没収契約の主軸となっていた。ちなみに、ウィリアムズはこの「発見の原則」のことを「アメリカ西部の部族社会との関係をめぐる当時のヨーロッパにおける法的言説を特徴づけ、また決定づけている体系的な思想」と見ている。[25] アメリカ人の判事であるジョセフ・ストーリーは、「発見の原則」をヨーロッパ人に以下のことを認可するものだと解釈した。

のちにかれらに占領された全領土に対する絶対的な所有権。それは発見によって獲得した権利としての所有権であって、インディアンの原住民たちを征服したからでもないし、かれらにその土地を割譲されたからでもない。……インディアンたちの権利は所有権や支配権としてではなく、ただそこにいる権利として扱われた。異端者、異教徒、野蛮人であるかれらは、絶対的で、主権的で、独立した国家がもつ特権を所有することが許されていなかった。かれらがさまよい歩き、一時的でその場かぎりの目的のために使用している領土は、キリスト教徒から見ると、まるでけだものだけが生息している土地であるかのように思われた[26]。

奴隷契約の場合も同じである。ヨーロッパでは奴隷制がすでに廃止されているか、廃止されつつあった時代に、ネイティヴ・アメリカンやアフリカ人は生まれながらに劣等であるという原則にもとづいて、ヨーロッパ人たちはかれらを奴隷にする権利を手にした。一八五七年のドレッド・スコット対サンフォード裁判に対する米国最高裁判所長官ロジャー・テイニーの判決は、奴隷契約の古典的な声明文であり、それによると黒人は以下のような存在と見なされる。

［黒人は］一世紀以上にもわたって、劣等な存在であると見なされてきた。社交においてであれ、政治的な関係においてであれ、かれらは白人種とのつきあいにまったく適さなかった。かれらはあまりにも劣等であるため、白人であれば尊重しなければならないような権利をもたず、場合によっては黒人みずからが法的に公正に奴隷になろうとすることもあっただろう……当時、こういった見解は、教養ある白人種のなかでは当然のことで、どこにでも見られるものだった。道徳においても政治においても自明の理と見なされており、だれも異議を唱えようと思わなかったし、議論の余地があるとも思われなかった[27]。

最後に植民地契約がある。これはアジア、アフリカ、太平洋の国々をヨーロッパ人が統治することを正当化するものだった。例えば、次のような極めつきの例について考えてみよう。フランス帝国主義の理論家であるジュール・アルマン（一八四五〜一九二一年）の言葉である。その特徴は文字どおりといっていいほどに「契約論者」的である。ちなみにかれはアソシエーションという概念を考案した人物である。

征服による領土拡大はそれがいかに必要なものであろうとも、民主的な社会の良心にとってはとくに不公平で、不穏なものに思われる……ただ、そのような場所に民主的な制度を移行させることは常軌を逸したナンセンスな行為である。隷属民は、その言葉の民主的な意味において市民ではないし、市民になれるわけでもない……そうなると、以下の事実を原則として、出発点として受けいれることが必要になる。まず人種と文明には序列があるということ、わたしたちは優勢な人種、優勢な文明に属するものであるということ……わたしたちは優れているという確信、これが原住民たちを征服するそもそもの正統性なのである。わたしたちが機械文明や経済、軍事力で優れているというだけではない。わたしたちは道徳的にも優れているのだ。わたしたちの威厳はその平等さにある。残りの人類を導くわたしたちの権利というものがその根底にはあるのだ。

そういうわけで「アソシエーションの契約」というものが必要になる。

ルソーのような夢想にうつつを抜かさずに、ここで注意しておきたいのは、アソシエーションには契約がともなうということ、さらにこの発想は、いまのところは例示するだけだが、ルソーが思い描いたような自然の過程によって形成された単一の社会に適用されるというよりも、明らかに異なる二つの社会が、人間の手によってはっきりと契約関係を結び、共存していく際にうまく適用されるということである。こうして絶対的合意にもとづく契約事項ができあがる。秩序、先見性、安全からなる根本的な価値観、それなしにはどのような共同体も進歩することができないような価値観、それを熱心に求めていながらも、いまだみずからの内側からそれにたどり着くことができていない人間社会、そこにヨーロッパ人征服者が秩序、先見性、安全をもたらすのである……そういう社会が、かつて手にしたことはないが、いまようやく受け取ろうとしている、こういう精神的で物質的な道具を使って、よりよい存在という発想やそこに向かおうとする憧れ、さらにはそれを成し遂げる手段を手に入れる。隷属民は言う。あなたがたが自分たちにどれだけ価値があるのかをまず示してくれるなら、わたしたちはあなたがたに従います、と。あなたがたがずっと話しているその文明というものの優れた点を、わたしたちにうまく説得できたなら、わたしたちはあなたがたに従いましょう、と。[28]

インディアン法、奴隷取締法、植民地の原住民に対する法令といったものが非白人の隷属的な立場を規定し、かれらの処遇を（表向きには）管理し、別の存在カテゴリーに属する非ヨーロッパ人のための司法の場をつくりだした。「虐待」を防ごうという試みがときにはあったが（さらにこういう規則は遵法されているときよりも、違犯があったときに称えられることのほうがはるかに多かった）、重要なことは、概念としての「虐待」には前提とされている規範がひとつあるということ、つまり隷従させることは合法であるという前提があるということだ。つまり奴隷制と植民地主義は個人の自律を認めないから間違っている、と考えられているわけではない。そういう体制を不適切に運営すること、それが間違いなのだというわけである。

この点についてはあとでもう一度触れるつもりだが、結局、レイシズムを異常なものと考えること、つまりヨーロッパ的な啓蒙がもたらす人道主義《ヒューマニズム》からなぜか不思議と逸脱してしまったものと考えることは根本的に間違っている。ローマ人の前例にならって、ヨーロッパ的な人道主義はふつうヨーロッパ人だけが人間であるということを意味するものであった。むしろこのことをよく理解する必要がある。ヨーロッパ思想全般と同様、ヨーロッパ的な道徳理論と政治理論は人種契約の枠組みのなかで発達したものであり、一般的にそれは当然のことと見なされていた。エドワード・サイードが『文化と帝国主義』のなかで指摘しているように、わたしたちは文化を「世俗とのつながりから無菌状態で隔離されたもの」と見なしてはいけないのである。とはいえ、実際のところ、この職業的な盲目性が大半の「人文系の学者」（大半の哲学者はもちろんのこと）に感染しており、「その結果、一方で奴隷制、植民地主義的で人種差別的な圧政、帝国主義的な征服といった長きにわたる浅ましい残虐行為があり、もう一方でそういった行為にかかわる社会が生みだす詩、小説、哲学といったものがあるのだが、かれらはその二つを結びあわせることができない」のである。[29] 一九世紀にいたるまで、一般的な白人の見解には次のような想定がふつうに見られた。「より高い」人種と「より低い」人種、「主人」としての人種と「従僕」としての人種という序列は議論の余地なく妥当なものであり、両者には明らかに別々の規則が適用されなければならない、と。

近代の世界はこうして人種が序列化されたひとつの政治体制としてあからさまなかたちで作りあげられ、ヨーロッパ人たちによってグローバルに支配されたのである。一九六九年の『フォーリン・アフェアーズ』〔アメリカ外交問題評議会が発行する政治雑誌〕の記事は今日なお一読の価値がある。そこには次のようなことが書かれている。一九四〇年代になってもまだ世界は「大部分が西洋の白人によって支配されていた。長きにわたって作りあげられてきた白人の権力と非白人の非権力というパターンは当たり前の事態として一般的にまだ受け入れられていた。人種や肌の色をめぐる付随的な想定や神話はどれもたいがい当然のことと見なされていた。……白人の優位性はアメリカでもヨーロッパの帝国においても一般的に想定され、受け入れられている当たり前の状況だった」[30]。とはいえ、これほど率直な発言は今日の主流派に属する白人の見解にはめったに見られないか、あるいはそもそも存在しないか、そのどちらかである。今日の主流派の見解は一般的に過去を書き換えようとするもので、グローバルな白人支配というあからさまな事実を否定もしくは矮小化する。

もちろんアメリカという国そのものが、軍事力、伝染病、「恥ずべき一世紀」〔詩人ヘレン・H・ジャクソンが執筆したアメリカの先住民政策に対する抗議のパンフレットのタイトル〕のあいだ踏みにじってきた数々の協定、そういったものをあれこれ組みあわせながら、白人たちが先住民から領土を奪いとって移り住んだ国である[31]。土地を強奪するということは、文字どおり大量虐殺（この言葉は誇張して使われることが多くて、残念ながらいまは使用価値が落ちている）をともなう。歴史を検討しなおそうとしている最近の学者たちが論じているように、それは第三帝国による虐殺に匹敵するものと見なさなければならないようなたぐいのものだ。[32] 建国の父とされているワシントンも、セネカ族にはやや違ったかたちで知られていた。かれは「街を破壊する者」として知られていたのである。[33] 独立宣言のなかで、ジェファーソンはネイティヴ・アメリカンのことを「冷酷なインディアンの野蛮人」と見なしていたし、合衆国憲法のなかで黒人は、あの有名な「五分の三条項」〔合衆国憲法第一条第二節第三項、黒人奴隷は選挙権および課税対象として五分の三人扱いされた。のちに憲法修正第十四条によって廃止〕をとおして遠回しに言及されている。こうして、リチャード・ドリノンが結論づけているように「憲法起草者たちがつくった政府のもとでは——白人統治体制においては——明らかに非ヨーロッパ人は平等に創られた人間ではなかった……かれらは人間ですらなかった」[34]。これほど規模は大きくなく、必ずしもここまで残酷なものではなかったが（あるいはニュージーランドの場合、原住民による抵抗がより功を奏したからだが）、白人が入植したほかの国家——例えばカナダ、オーストラリア、ニュージーランド、ローデシア、南アフリカ——もやはり皆殺し、追放、さらに／あるいは先住民の保護区への囲い込みといった同様の政策にもとづいてつくられたものばかりだ。[35] ピエール・ファン・デン・ベルゲは「優秀民族《ヘレンフォルク》民主主義」という啓発的な造語を用いて、こういった統治体制を言いあらわした。[36] この言葉は人種契約の二分法を完璧に捉えている。その後の展開はやや異なっているものの、南アフリカのアパルトヘイト体制を擁護する者たちがしょっちゅう訴えていたのは、ジム・クロウ法〔一八七六年から一九六四年までアメリカ南部に存在した人種隔離政策にもとづく州法の総称〕の歴史に照らし合わせてみれば、南アフリカに対するアメリカの批判など偽善ではないかということである。とくに人種隔離政策は事実上、ブラウン対教育委員会裁判〔一九五四年、最高裁は人種隔離政策にもとづく教育は違憲との判決を下した」から四十年たったいまでも変わらず残っているため、アメリカ人社会学者二人が自分たちの研究に『アメリカのアパルトヘイト』というタイトルをつけるくらいである。[37] 解放前のローデシア（現ジンバブエ）や南アフリカにかんする人種差別的な記録はよく知られている。そこまで有名ではないかもしれないが、アメリカ、カナダ、オーストラリアはみな数十年前まで「白人」移民政策をつづけていた。この三つの国すべてにおいて原住民たちは高い貧困率、乳児死亡率、自殺率に苦しんでいる。

そのほかラテンアメリカ、アジア、アフリカでも、世界の大半が植民地化された。つまり形式のうえではヨーロッパ列強のあれこれの国（あるいはその後アメリカ）の支配下に入った。南北アメリカ、フィリピン諸島、南アジアにおける初期のスペイン帝国、ポルトガル帝国、そしてそれを妬んだイギリス、フランス、オランダとの競合。イギリスはインドを征服し、フランスはアルジェリアとインドシナ半島に領土を拡大し、オランダはインドネシアに侵攻。中国とのアヘン戦争、一九世紀後半の「アフリカ分割」、アメリカとスペインとのあいだの戦争、キューバ、プエルトリコ、フィリピン諸島の占領、そしてハワイ併合。[38] 二〇世紀は変化の速度があまりにも劇的すぎて忘れそうになるが、百年ほど前の一九一四年の段階で「ヨーロッパは全体で地球のおよそ八五パーセントを植民地、保護国、属国、自治領、連邦として所有していた。この西洋メトロポリスほど巨大な植民地連合は歴史的に見当たらないし、ここまで徹底的に支配された国などなかったたし、権力の点でここまで不平等であったこともない」。[39] 人種契約は超国家的な白人統治体制を作りあげたと言うこともできる。それはヨーロッパ本国と外国に市民権をもつひとびとがつながりあった仮想共同体（ヨーロッパそれじたい、植民地を含めたより大きなヨーロッパ、さらにはヨーロッパのアメリカ、ヨーロッパのオーストラリアといった「断片」など）であり、また土着の隷属民との対立によって構成されたものでもあった。第二次世界大戦後になってようやく植民地支配が終わったアフリカとアジアの大半の地域では、頑なな「肌の色による差別《カラーバー》」のせいで、ヨーロッパ人と先住民とのあいだの分離がつづいた。ヨーロッパ人で白人であれば、自分が優秀人種の一員であると知ることになった。そのひとの肌がそのひとのパスポートというわけだ。「白人のしたことはなんであれ、露骨なかたちで「文明化された行為」に仕立てあげる必要があった」(40)。状況や特定の搾取形態によって人種契約に地域的な差が生じていたもののーー例えば、アメリカ（イギリス型）では二極化した人種体制になっているが、ラテンアメリカ（スペイン・ポルトガル型）における肌の色の序列はもう少し細かいーー白人部族はいまも文明化と近代性のグローバルな代表として一般的にピラミッド社会の頂点を占めている(41)。

要するにわたしたちは人種契約にもとづく世界に生きているということだ。わたしたちがそういう世界に生きているということは、そこに思いをはせればきわめて明らかなことなのだが（植民地支配の日付と詳細、そういう国家の憲法、その排他的な法体制、公的な人種差別的イデオロギーの歴史、奴隷制と植民地主義への数々の闘争、公式・非公式の差別的構造、こういったものはすべて、さまざまな学問領域で大量に文書化されている最近の歴史的記憶のなかに含まれている）、同時に大半の白人がそのことを考えない、あるいはそれを政治的抑圧の歴史がもたらしたものだとは考えず、むしろ「世のなかはそういうものなのだ」と考えているために明らかにならない。（「わたしたちは世界を征服したから世界中に存在しているというのですか。どうしてそんなことが言えるのでしょうか」。）スペインとポルトガルのあいだで世界を分割したトルデシャリス条約（一四九四年）、ネイティヴ・アメリカンは本当に人間なのかどうなのかを決めるために開かれたバリャドリッド会議（一五五〇～一五五一年、スペイン）、その後のアフリカ人奴隷や奴隷制廃止をめぐる数々の議論、アフリカを分割するために開かれたベルリン会議（一八八四～一八八五年）、植民地の統治をめぐるヨーロッパ内のさまざまな協定、条約、非公式の取り決め、第一次世界大戦後にヴェルサイユで行なわれた、世界を民主主義にとって害のないものにするにはどうすればよいのかを話しあった議論など、そういったもののなかに疑いようもなくはっきりとあらわれている（あるいは、わたしたちが目を向けなければいけない）ことは、ひとつの世界が白人たちによって支配されているということだ。その世界の内部では紛争――論争、戦い、さらには世界戦争まで――が生じる。その主導的な発起人や立案者は本国でも外国でもきっとヨーロッパ人だろう。そこに非ヨーロッパ人たちが列をなして、それぞれの国旗のもとで戦うのである。白人の支配体制そのものが問題視されることはめったにない。（もちろん、日本は例外である。この国は植民地化されなかったし、二〇世紀のあいだはたいがいグローバルな白人統治体制とつかず離れずの曖昧な関係をたもった。）この世界が遺したものは間違いなくいまもわたしたちのもとにある。ヨーロッパ人とその子孫たちがいまも地球の経済、政治、文化を支配しているのである。この人種構造はあきらかに政治的な性質を帯びている。さらにその人種構造との闘いも同様である。いずれにせよ、こういったことはほとんどの場合、アングロ・アメリカンの主流派政治哲学においてまっとうな研究テーマと見なされてこなかった。また、そういう学問領域において支配的な諸概念こそ、まさにこういった現実を理解するうえで役に立たないのだ。そこから見えてくるのはせいぜいやっかいな偏狭さと非歴史性であり、それは哲学が得意とする根本的に重要な問いかけとはきわめて相性が悪い。最悪の場合、それは人種契約そのものと共犯関係を結ぶことにもなる。

人種契約はひとつの搾取契約であり、ヨーロッパ人によるグローバルな経済支配と白人の国民的人種特権をもたらす。

これまで論じてきたように、古典的な社会契約はその性質上、第一に道徳的で政治的なものである。自然状態から離れるということは、世界をせっせと自分のものにするための安定した環境を確保できるということでもあって、そういう裏の意味からすると、それは経済的なものでもある。(政治学とはなにか、その定義として有名なのは、結局、だれがなにをどのような理由で手に入れるのか、これについて考えることである。) ロックの言う道徳化された自然状態では、一般的にみな自然法に従うわけだが、そういう状態においても、かれは私有財産をどう守るのかを気にしており、実際、「連邦の一員となり、政府に身を委ねる人間たちの大きな目的、おもな狙いは、みずからの財産の保護である」とはっきり述べている[42]。ホッブズの言うあの有名な反道徳的で危険な自然状態においては「真面目に働くものはいない。というのもそうしたところで成果が見えないからだ。したがってその土地の文化などもない[43]」。社会を立ちあげ、そこに法律が存在し、それを執行する者がいるということの意義は、あなたが貯めこんだものを守ることにあるとも言える。

では、その新しい社会の経済システムにはどのような性質があるのか。一般的な契約は財産権の特定のモデルや特定の手順をそれじたい規定するものではない。それはただ前政治的状態における「公平さ」がなんらかのかたちで守られるよう求める。このような規定は解釈にも幅があるかもしれない。それは財産権を決定するホッブズ的な絶対君主制の政府に自己本位的に屈するものなのか、あるいはロックの言うように、道徳化された自然状態のなかで貯めこんだ私有財産が立憲主義的な政府によって尊重されるよう訴えるものなのか。社会主義者やフェミニストのような、いっそうラディカルな政治理論家たちであれば、自然状態の公平さというものは、社会において、階級あるいはジェンダーにもとづく経済的な平等主義を求めるものだと言うかもしれない。初期の道徳的な平等主義を政治的にどう解釈するかは意見が分かれるところだが、一般的にその背景となる考え方には次のような想定が見られる。自然状態における人間の公平性（それが機会の平等であれ、結果の平等であれ）は、社会―政治的に秩序が形成された経済へと引き継がれ、それが搾取のない自発的な人間のやりとりや交換システムにつながる、と。

一方、人種契約では、経済的な側面がもっともきわだっていて、背景としてあるというよりもむしろそれが前景化されている。というのも人種契約は経済的な搾取を計算づくでもくろむものだからである。道徳上の階層序列を打ちたて、統治体制を人種に応じて法的に区分けする意義はひとえに白人／人間と見なされる個人の特権を確保し、正当化することにあり、また非白人／隷属民と見なされる個人の搾取を保証し、正当化することにある。人種契約がもたらす恩恵ははるかに大きな政治的影響力、文化的ヘゲモニー、優秀民族《ヘレンフォルク》の一員であるとの認識からくる精神的な報酬（W・E・B・デュボイスがかつて「白さの報酬」と呼んだもの）などである[44]。とはいえ、その根底にあるのは実質的な利益なのだ。グローバルな観点から見ると、人種契約によってヨーロッパは世界を支配する大陸となる。ローカルな観点から見ると、ヨーロッパ大陸でもほかの大陸でも、人種契約によってヨーロッパ人は特権的人種となる。

これまで「ヨーロッパの奇跡」——ヨーロッパが地球を支配するようになったこと——と呼ばれてきたものを説明するという課題が、専門家や在野研究者の意見を長きにわたって活性化してきた(45)。かつてはあの巨大なアジア大陸の端にあり、交易ルートからも完全に外れていて、イスラムや東洋の大いなる文明からも離れていた周縁的な地域が、一世紀かそこらで政治と経済をグローバルに支配できるようになったというのはどういうことなのか。ヨーロッパ人たちがみずから歴史的に提示してきた説明はとてつもなく多様なもので、そこには露骨に人種差別的なものもあれば、地理的に決まったとみるものもある。さらにはもっと微妙に環境や文化から論じるものもある。ただ、そのすべてに共通していることがある。たとえそれがマルクス主義の薫陶を受けたものであったとしても、そういった説明に共通して見られるのは、ヨーロッパの発展を本質的にみずから生じてきたものとみる傾向であり、ヨーロッパのなかの一連の変化を特権的に扱い、そうすることで植民地支配やアフリカ人奴隷の役割を軽視するか、あるいはまったく無視する傾向である。ヨーロッパは自分の力でそれを成し遂げたというわけだ。ヨーロッパやヨーロッパ人たちがもつ特殊な性質のおかげなのだ、と。

今日の著名な歴史家であれば、ヨーロッパ人は生まれながらにもっとも進んだ人種であり(ダーウィン主義のまえにも、あとにもあった見解)、それに対してほかの地域の人種は退化したり、進化が遅れたりしているというような、あからさまに生物学的な過去の理論を支持することはないだろう。

とはいえ、ヨーロッパ人は特別であり、例外であるといった主張はいまだに根強く残っている。合理主義と科学、革新性と独創性はヨーロッパというこの特別な家に見られるもので、世界のほかの地域には知性の停滞と伝統主義しかなく、したがってヨーロッパはあらかじめ独自の世界史のなかで特別な地位を占めるよう運命づけられているのだ、といまだに想定されている。ジェームズ・ブラウトはこれを「ヨーロッパ中心の拡散主義」の理論、あるいは「超理論」(神学、文化、生物学、地理学、テクノロジーなどのさまざまなバージョンを数多くカバーするもの)と呼ぶ。この理論にしたがって、ヨーロッパの進歩は「自然なもの」と見なされ、非‐ヨーロッパの運命を非対称的なかたちで決定づけるものと見なされる。(46) 同じく、サンドラ・ハーディングも、科学の「人種的」エコノミーをめぐるアンソロジーのなかで、「ヨーロッパは世界のほかの地域から自立して機能しているという想定、ヨーロッパはそれじたいが起源であり、究極目的であり、行為主体であるという想定、ヨーロッパ、さらにアメリカその他のヨーロッパの系統が世界のほかの地域に負うものはなにもないという想定」に言及している。(47)

当然のことではあるが、黒人の理論家や第三世界の理論家たちは昔から、神あるいは自然が定めたこの気楽なヨーロッパによる統治という発想に異議を唱えてきた。まったく対照的に、かれらはヨーロッパの進歩と世界のほかの地域の不幸な運命とのあいだには決定的な因果関係があると主張してきたのだ。半世紀もまえから、そういった研究の古典的な例となっているのが、カリブの歴史家エリック・ウィリアムズによる『資本主義と奴隷制』である。そこで論じられているのは、アフリカ人奴隷がもたらした利益のおかげで産業革命は可能になったのであり、ヨーロッパでの説明はその根本からして間違っているということだった。[48] さらにここ数年、脱植民地化の動きがあり、アメリカでは新左翼が台頭し、学者たちからもオルタナティヴな声が聞こえてくるようになったことで、こういった問題意識は深さを増し、幅もひろがった。例えば、ウォルター・ロドニー、サミール・アミン、アンドレ・グンダー・フランク、イマニュエル・ウォーラーステインなど、著者の立場もさまざまだ。[49] ただ、その根底にあるテーマはみな同じである。つまり、それまで停滞していた経済を飛躍的に成長させ、強固なものにするうえで、帝国の搾取（メキシコやペルーの巨大な金銀鉱山でとれた財宝、プランテーションの奴隷がもたらした利益、植民地企業が成した財、「新世界」を切り拓いたことによって社会や経済が全体的に刺激されたこと）が多かれ少なかれ欠かせないものだったということだ。とくにヨーロッパが経済的な覇権を手にいれる運命にあったということでは決してない。アジアやアフリカにも中心となる場所は数多く存在したのだ。そういった場所はヨーロッパと同じ水準まで発展していたのであり、同じように進化するだけの潜在的な力があったはずなのである。ところが、ヨーロッパ人たちがのし上がってきたことで、ほかの国が発展する道筋が遮断されてしまった。ヨーロッパがほかの国を植民地ネットワークに力づくでねじ込んだからである。そういったネットワークがもつ搾取関係や抽出メカニズムが自律的な成長を妨げたのだ。

総括して言うなら、植民地主義はヨーロッパ台頭の「核心にある」ということである。[50] 分析の対象となる経済単位はヨーロッパ全域でなければならない。というのも長い目で見れば、直接かかわりのあった宗主国が必ずしも利益を得ていたわけではないからだ。例えば、封建主義的な性質がまだ残っていたスペイン帝国は、財宝の輸入によってひどいインフレに悩まされた。とはいえ、交易と金融取引によって、オランダのようなほかの国々は資本主義の道へと踏みだし、利益を得ていた。もちろんヨーロッパ内部の国家的な競争は続いていたが、非ヨーロッパ世界の大陸間搾取にもとづくこの共通のアイデンティティが政治的に欠かせない場合も多かった。人種によって裏書きされた、共通の事業に専念する国際的な統一体としてのヨーロッパという感覚は、こうして生みだされてきたのである。ヴィクター・キーナンは次のように述べている。「アダム・スミスが指摘したように、こっちの領土、あっちの領土というふうに、ヨーロッパの軌道内にあるすべての国がたとえどれだけひどく言い争っていたとしても、そういった国はみな植民地のおかげで富を蓄積し、利益を得たのである。……ある意味では、一部のヨーロッパ人の成功によってもたらされた権力意識の高ぶりをすべてのヨーロッパ人が共有し、植民地がもたらした物質的な富にみな浸っていたのだ(51)」。

それに対して今日では、形式的な脱植民地化が進み、アフリカやアジアでは、黒、茶、黄の原住民たちが公職に就き、独立国家を統治している。それでもなおグローバル経済は本質的にかつての宗主国、その分派(ヨーロッパ−アメリカ、ヨーロッパ−カナダ)、国際金融機関、融資機関、企業によって支配されている。(先に述べたとおり、注目すべき例外となっているのが日本である。日本の歴史はそういった支配体制に挑むというよりもむしろそれを裏づけるものとなっている。植民地化を免れた日本は、明治維新以降、独自の工業化にうまく乗りだした。)そういうわけで、世界は本質的に白人資本によって支配されているとも言えるだろう。もちろん所得と資産にかんするグローバルな数字は人種というよりも国ごとに分かれるのだが、国家間で人種を分けることができるなら、おそらく白人がその人口からしてはなはだしく不均衡なかたちで世界の富を一定の割合で独占していることが明らかになるだろう。第一世界と第三世界のあいだの亀裂（人種の区分とだいたい一致する）が今後埋められると考えるだけのいかなる根拠もないので——一九六〇年代の「発展の十年」以降、国連のさまざまな計画が悲惨なかたちで失敗したことに目を向けよ——今後も地球はどうやら白人支配のもとにあると考えざるをえないようだ。共産主義が崩壊し、オルタナティヴな道を模索しようという第三世界の試みが失敗に終わり、西洋が主権者として君臨しているというこの状況のもと、ロンドンの『フィナンシャル・タイムズ』の浮かれた見出しにもあるとおり、「社会主義陣営の崩壊によって、IMFおよびG7は自由に世界を統治できるようになった。新たな帝国主義時代の幕開けである」[52]。さまざまな経済的枠組みが導入され、そこに諸々の因果的プロセスが生じ、その結果、地球の片側からもう一方へと富が送りこまれることになる。こういった仕組みは、悪い意志／良い意志、個人がもつレイシスト的／反レイシスト的感情とはほとんど無関係に機能する。こうして富と貧困がグローバルに肌の色で分けられていく。人種契約がこの状況をもたらしたのであり、それに署名するひと、恩恵をこうむるひとたちがそれにいっそう強くしがみつくようになっているのである。

加えて言うなら、ヨーロッパとかつての白人入植地はグローバルな支配力をもつだけでなく、その内部にかなり大勢の非白人（原住民、連れてこられた奴隷の子孫、みずからの意志でやってきた非白人の移民たち）が存在するにもかかわらず、そういう非白人とは対照的に白人は特権をもちつづけてもいる。法律によって公式に排除するというような古い体制はたいがい廃止され、かつてのあからさまな生物学主義的イデオロギーもたいがい破棄されたにもかかわらず[53]、人種契約は改訂されつづけているのだ。非白人たちに与えられる機会は、拡大してきたとはいえ、白人たちに与えられる機会よりも下に位置づけられたままである。この点についてはのちほど論じる。ここで言いたいことは、もちろんすべての白人がすべての非白人よりも暮らしぶりがいいということではない。ただ統計学的に一般化した場合、客観的な人生の可能性《ライフ・チャンス》は白人のほうがあきらかにいいのである。

一例としてアメリカを考えてみよう。最近出版された一連の書籍から見えてくるのは、一九六〇年代あたりまで高まっていた人種差別撤廃論者の希望が下火になってきたこと、白人たちが「もううんざりだ」と考えて、非協力的になり、敵意を抱くようになっているということである。しかし、アメリカはいまだに大きく分断されていて、黒人家庭における所得の中央値は（当初は白人家庭との差がなくなりつつあったが）ここにきて低下しはじめている。いわゆる「黒人下層階級《ブラック・アンダークラス》」は基本的に切り捨てられ、奴隷制や解放後の差別に対する賠償金が支払われることは決してなく、真面目に検討されることすらない。[54]人種による不平等にかんするメルヴィン・オリヴァーとトマス・シャピロの最近の著作が示しているのは、将来的に人種間の平等化が進むかどうかを判断するうえで重要になるのは所得よりも財産だということである。財産は世代間で移行し受け継がれていくもので、子どもたちの人生の可能性やチャンスに影響を及ぼす累積的な効果があるからだ。一九八八年の段階で、白人家庭の収入一ドルに対して黒人家庭の収入は六二セントだった。一方、財産にかんする相対的な差はそれよりもはるかに大きい。おそらくこの差は、人種間格差がなくなる見込みはないということをいっそう現実的に示しているのだ。「白人が所有しているものは、純粋に中央値で見た場合、黒人が所有しているもののおよそ一二倍、あるいは四三、八〇〇ドルに対して三、七〇〇ドルということになる。もっとあからさまな対比になっているのがたぶん、平均的な白人家庭は六、九九九ドルの純金融資産を運用しているのに対し、平均的な黒人家庭は資産運用するような貯金などない状態だということだろう」。もっと言えば、所得よりも財産のほうに分析の焦点を絞ることで、「黒人中流階級」の台頭などと大いに喧伝されているものは幻想にすぎないということが分かるようになる。「例えば中流階級の白人の収入一ドルに対して中流階級の黒人の収入が七〇セントだとしても、中流階級の白人が一ドルの財産を所有するのに対して、中流階級の黒人はたった一五セントしか所有していない」。白人の財産と黒人の財産のこのとてつもない格差は決して偶発的なものでも、不測のものでも、思いがけないものでもない。それはアメリカという国の政策が直接もたらしたものであり、その国家政策と白人市民とが結託して引き起こしたものである。結果的には「実質的に、白人と黒人は二つの国を構成している」[55]。アメリカ独自の人種契約によって白人の国が構成され、黒人の（もちろん歴史的にはネイティヴ・アメリカンの）国とは、構造化された人種的搾取というかたちでかかわることになる。

全米経済学会という黒人経済学者たちの専門家組織が一九八〇年代に開催したパネルディスカッションをあつめた論文集がある。そこには物的資本と人的資本を蓄積するチャンスが搾取的に移行させられたり、否定されたりする仕組みや度合いについての洞察が見られる。『諸人種の富』――アダム・スミスの有名な著作『諸国民の富』へ皮肉っぽく捧げられている――というタイトルのついたこの論文集は、黒人たちがこれまで受けてきたさまざまな差別――奴隷制、雇用差別、賃金差別、昇給差別、黒人資本に対する白人の独占権力による差別、消費財や住宅、サービス、保険などにおける人種的な価格差別――を分析したものである[56]。こういったものはまさにその性質上、数値化することが難しい。さらに苦悩や苦痛といった代償もあり、それが実際に補償されることはない。そうであるにもかかわらず、計算によって数値化できるものはかなり顕著な数字を示す。（この数字は残念ながら古いものである。読者は一五年のインフレーションを考慮に入れて、この数字を何倍かにしなければならない。）一九二九年から一九六九年までの四〇年間で、労働市場における差別によって（複利でもって）得られた累積的な利益を計算し、それを一九八三年のドルでインフレの調整を行なうとするなら、その数字は一・六兆ドルを超えるだろう[57]。一七九〇年から一八六〇年まで奴隷制から「流用された所得」の合計は、複利計算したうえで一九八三年のドルに変換した場合、推定で一・一兆ドルから四・七兆ドルにのぼることになる[58]。一八六三年までの奴隷の無賃労働と一八六三年以降の不当な低賃金、さらには白人入植者が利用できた土地や天然資源を手に入れる機会が奪われていたことなど、すべてを複利計算したうえで累積価値を計算してみるなら、黒人に対する賠償金として必要になる総額は「合衆国の財産をすべてかき集めても足りないだろう[59]」。

　ここから見えてくるのは、アメリカ経済にとって人種的搾取が重要であるということ、さらには一国の人種契約から白人がどの程度の利益を得ているかということである。ただ、これだけ重要であって、これだけの程度になっているからこそ、この話題はタブーになるのであって、公平性を論じる白人の政治理論においても事実上触れられもしないのだ。積極的格差是正措置《アファーマティヴ・アクション》に対してそういった反発があるとするなら、いまだに支払われていない四〇エーカーとラバ一頭（南北戦争後に解放された黒人奴隷への補償をあらわす表現）に利子をつけて返せと言ってやれば、いったいどういう反応が起こるのだろうか。こういったことは統治体制の本性に迫るものであり、また人種契約によってそれが構造化されていくまさにその核心をつくものであるため、問題化されることはない。したがってこの国の道徳理論に見られる公平性をめぐる議論は、なんとなく茶番劇めいたものにならざるをえない。というのもこの国を支えるための主軸となる不公平性に目を向けようとしないからである。(この統治体制の基礎になっている実際の条件をすり抜ける仮想的な契約主義のほうが好まれるのもなんら不思議ではない。)

グローバルな領域においても、個別の国においても、白人、つまりヨーロッパ人たちとその子孫はいまでも人種契約から利益を得ている。人種契約によってかれらの文化的イメージにもとづくひとつの世界が形成され、かれらの利益を差別的に優遇するような政治的国家が生まれ、他者を人種的に搾取するような構造になっている経済が生じ、意識的か無意識的かはさておき、かれらを特権化するような方向に傾く道徳心理学(白人のなかだけでなく、場合によっては非白人のあいだにも)ができあがる。差別的な人種的権利にもとづく現状がこうしてひとつの規範として正当化され、それ以上問いただされることがないようにされてしまうのである。

第二章　詳述

さて、ここまでが概説である。本章では人種契約の詳細とその機能——場所と（隷属）人間の規範化、「公式」の社会契約との関係、実際に執行される諸項目——をもう少し綿密に検証していきたい。

人種契約は場所を文明的なものと野生的なものに区分けすることで空間を規範化（そして人種化）する。

主流派の社会契約において、ふつうは場所や個人がひとつの対象としてはっきりと細かく規範化されることはない。当然ながら空間はただそこにあり、個人は暗黙の了解として大人の白人男性ということになっている。そのうえで、すべての個人を明らかに平等であるとする。一方、人種契約の場合、空間そのものもそこにいる個人も均一ではない。規範となる特徴がきわめて明確に打ちだされる必要があるのだ。以下、場所の規範化と人間の規範化を別々に扱う。とはいえ、両者はひとつに結びあうものなので解釈は複雑なものになる。場所の規範化は、部分的にではあるが、空間を人種化することによって、つまり空間を特定の人種に属する個人（それが人間であれ、隷属人間であれ）によって支配されたものとして捉えることでなされる。同時に個人の規範化はそれを空間化することによって、つまり個人を特定の場所に見られる特性が刻みこまれたものとして表象することによって部分的に成し遂げられる。これは相互に支えあう特徴づけであって、隷属人間にとってそれは堂々巡りの言いがかりとなる。「あなたはある特定の場所から出てきたわけだからいまのあなたであって、その場所はあなたのような生きものが生息するわけだからそういう特徴があるのだ」と。

　白人の社会契約は想定のうえでは抽象的なものだが、本当のところは現実的なものである。白人の社会契約は（ヨーロッパ的な）空間を基本的には前‐社会政治的なもの（「自然状態」）とポスト社会政治的なもの（「文明社会」の場）とに分けて捉える。こういった特徴づけは、場所そのものの性質もそこに暮らす住人の性質も否定的に評価するものではない。ここでいう場所とはわたしたちの場所であり、わたしたち（白人）がくつろぐ、わが家のような心地よい空間のことである。ある段階で（白）人は自然状態を不便だと思うようになり、みずからその場を立ち去ろうと考えた。そうして数々の制度を打ちたて、その場の性質を変えていったのである。とはいえ、場所そのものにも、人間そのものにも、もとから欠陥をもっているような本質などなにもない。

　一方、このような社会契約が非ヨーロッパ世界に適用された場合、その契約は人種契約というかたちになるが、それは場所もその住人も見知らぬ《エイリアン》ものだからである。したがって、こういった空間や個人は明確に理論化されなくてはならない。というのもそのような空間や個人には欠陥があるとされ、外部からの介入によって修復される必要がある（と考えられる）からだ（修復が可能であればということだが）。ヨーロッパ人あるいは少なくとも完全なヨーロッパ人たちは「文明化」されていて、その状態はかれらの住む場所の特徴にもあらわれている、[1]非ヨーロッパ人たちは「野蛮人」で、その状態はかれらが住む場所の特徴にあらわれている、と想定されている。実際、これまで指摘されてきたように、この居住空間は「野蛮《サヴィッジ》」という言葉じたいの語源にこめられている。この言葉はラテン語のシルヴァ、すなわち「森」に由来する。要するに、野蛮人というのは森に住む野生人、森にいるもの《シルヴァティクス》、森のひと《ホモ・シルヴェストリス》なのである。そのひとの存在のなかに野生とか原野があまりにも深く浸透していて、文明への扉、政治的なものへの扉が閉ざされているというわけである。[2]（原野から野生人を連れだすことはできても、野生人から野性を取りだすことはできない。）野生人は中世的な思考に欠かせない存在で、文明とは真逆の飼い慣らされた（ヨーロッパのなかで）存在であり、その後ヨーロッパの外で発見される「野蛮人」たちの先例のひとつだった。[3]ヘイドン・ホワイトが指摘しているように、「野生人」という概念が作りだされたことで「否定による直示的な自己規定という技法」[4]、つまり自分はそうではないという関係性をもとに自己を特徴づけるやり方が見えてくる。わたしたちは何ものなのか。わたしたちは野蛮人ではない存在である、と。神話的な社会契約ではなく、まさにこの現実的な人種契約において、「自然状態」や「自然な」という発想が厳然たる理論的役割を果たすことになる。かれらは自然状態にあって、わたしたちはそうではない、と。ロイ・ハーヴェイ・ピアースが述べているように「イギリス人たちはアメリカに未開の環境を見いだしただけでなく、未開の人間、自然状態の人間をも見いだした。そういった人間たちはうわさのとおり自然のなかで暮らしていたのである」(5)。

したがって征服前の初期のかたちの人種契約は、特定の場所を軽蔑的に特徴づけるものにならざるをえなかった。その場所は手なずける必要があり、最終的には人種的な統治体制がそこに築かれることになるというわけである。そういうわけで人種契約は社会契約よりもはっきりとしたかたちで物質的にならざるをえないのだ。この奇妙な光景(本国では見たこともないような)、この見慣れない人体(わたしたちとはまったく異なる)、こういったものは地図化して、服従させなければならない。市民と政治をそこに形成するには、場所をめぐって未開のものや野蛮なものと積極的に戦わなければならない(こういう場所は抵抗してくる)。反対勢力に対抗しながら開拓を進めなければならない。そうして世界をヨーロッパ化しなければならない。メアリー・ルイーズ・プラットが述べているように、「ヨーロッパはたんなる世界の一地域というよりもむしろみずからを「地球規模のプロセス」と見るようになった」のである(6)。空間はマクロなレベル(すべての国および大陸)、ローカルなレベル(都市の近隣)、さらに身体そのもののミクロなレベル(非白人の身体がもつ汚染し汚染される肉感的輝き)で規範化され、人種化されなければならない。

こういった規範化にはおもに二つの領域がある。認識論的な領域と道徳的領域である。

認識論的な領域は、認識する側のヨーロッパ人の知識があらかじめ制約されているところから必然的に生じる。つまりこれはある特定の場所においては本当の知識(科学的な知や一般概念)はありえないということを意味する。こういった場所は迷信や無知といった認知的状態のなかにずっと閉じ込められている（ヨーロッパ的な介入が機能しない）と見なされ、そこでは意義のある文化的達成あるいは知的進歩といったものが必要とされないのである。ヴァレンティン・ムディンベはこれを「認識論的自民族中心主義」と呼ぶ。これに反する証拠は別のかたちで扱われることになる。そういう証拠は、例えばスペインの征服者たちが侵略の際、アステカの文書を焼き払ったように、たんに破壊されてしまう。あるいは部外者がもたらしたものとして片づけられてしまう――例えば、いまだ知られてはいないが、かつて白人との接触があったのだ、というように。「アフリカ人たちは価値のあるものをなにも生みだすことができなかったのだから、ヨルバ族のあの彫刻技術はエジプト人がもたらしたものにちがいない。ベナンの芸術はポルトガルで生まれたものにちがいない。ジンバブエの建築的達成はアラブの技術者によるものだった。ハウサやブガンダの政治力は白人侵略者が作りあげたものだった[7]」。（あの人気コミックや冒険小説、B級映画のことを考えてみればいい。地球上のどこか遠い場所とか未開の地で発見されることになる失われた白人部族――不運な非白人の原住民たちがどのような文化をもっていようが、すべてその白人部族がやったことにされる。）場合によっては、南アメリカの地上絵が宇宙からの訪問者のしわざにされるなど、地球外に起源が求められることもある。同じように、古代エジプトは古代ギリシャに重大な文化的影響を及ぼしたのであり、その大部分が黒人の文明だったというマーティン・バナール『ブラック・アテナ』の見解によって触発された最近の論争がもたらした最終的な成果はさておくとして、きっと誰でも推測できることだろうが、白人の支配的な学問領域においてそういった発想に少なくともなんらかの抵抗があるのは、そのような功績が実際にブラック・アフリカ（最終的には「サハラ以南の」アフリカ）からやってくるはずがないという先験的な想定があるからだ。[8]（実際、「サハラ以南のアフリカ」という言葉じたいが人種契約に端を発する地理的な線引きなのである。）最後に、ヨーロッパ人にとっての他者の文化的功績が承諾もなくヨーロッパによってあっさり取り込まれ、「「西洋」はつねに多文化的な創造物だった」[9]という現実を事実上認めないということもあるかもしれない。

もちろんこういった規範化は、最近まで使用されていた「発見」や「探検」という語彙にもあらわれていて、そこには、かつてそこに白人がいなかったなら、本当のところ認知されることもなかったはずだ、という意味が基本的には込められていた。『闇の奥』のなかで、ジョーゼフ・コンラッドのマーロウは地球に思いを馳せながら、「地上には空白がたくさんあった」と述べる。[10]この空白はたんにヨーロッパ人たちがまだ到着していないということを意味するだけでなく、そういう場所がまだ到来していないということも意味する。つまり、そこに住む人間はまだいないということだ。こうしてアフリカは、（記憶にあるかぎり）ヨーロッパとの接触がないというだけで「暗黒の大陸」になるのだ。それと同時に命名の儀式がある。このような「新」世界の領域を占拠し、わたしたちの世界に統合するうえで命名の儀式は役に立つ。ニューイングランド、ニューホランド、ニューフランス――要するに「ニューヨーロッパ」、「ヨーロッパの文化‐空間的延長」である。[11]こういった場所は開拓され、変容させられ、近しいものに作りかえられ、わたしたちの空間の一部にされ、ヨーロッパ人（つまり人間）が認知する世界に参入させられる。こうしてその場所は知りうる世界、知られた世界になるのだ。知識、科学、さらには世界を知的に理解する力、こういったものはヨーロッパに限られる。グローバルに存在する合理性の場としてヨーロッパが姿をあらわす。ローカルな知に正当性を与えるヨーロッパの認知行為主体にとっては少なくともそうなのである。

道徳については悪徳と美徳が空間化される。まず道徳的な地図作成というマクロなレベルで両者は空間化されることになる。道徳的な地図作成は、文字どおり世界をヨーロッパ的に地図化することにつながる。そうやってすべての地域、国、実際のところは大陸までもが道徳的な性質を帯びるようになる。こういった点をムディンベは「初期ヨーロッパの地図作成に見られる「化け物の地理学」」と表現する。それはいまでもとりわけ神学的な枠組みのなかで、既知の世界を区分けし、「竜が棲む場所」〔かつて地図作成者たちは未知なる土地に竜の絵を描いた〕を指定する。[12] こうして非ヨーロッパ的な空間は悪の根源と決めつけられるのである。もし道徳的な贖罪が可能な場所であれば、そこをヨーロッパ化しなければならないというわけである。認識と道徳とがこのように結びあうと、当然、自然法を認識できないものは道徳的に欠陥があるとされてしまう。暗黒大陸が闇なのは、ただそこにヨーロッパが存在しないからというだけでなく、キリスト教的な光が見えていないからでもある。結果的にそれは道徳的な闇、迷信、悪魔崇拝といったものにならざるをえない。しかも都合のいいことに、中世の地図作成者たちの昔ながらのやり方のひとつにマッパ・ムンディというものがあった。これは格子状《グリッド》に区切られた世界地図ではなく、キリストの十字架を取りかこむかたちで、中央にエルサレムが配された世界地図のことである。[13] 同じく、アメリカにおけるヨーロッパ人入植者たちは、山脈の向こうがわの地域を「インド人《インディアン》の国」「闇と血の大地……「野蛮人と野獣」が生息する荒涼たる原野」あるいは「ソドムとゴモラ」〔旧約聖書「創世記」において罪を犯した街とされている〕と呼ぶこともあった。それに対してかれらがみずから築きあげた社会は、ときに「ニューカナナン」〔カナンは「創世記」においてアブラハ

ムとその子孫が与えられたとされる「約束の地」と呼ばれていた。(14)

こうして非ヨーロッパ的な自然状態は、野生的で人種化された実際の場所と同一視されるようになり、最初から神学的な傷をもつ呪われた場所、罪深い土地というふうに特徴づけられたのである。一方、ヨーロッパ的な自然状態は仮定的なものか、あるいは実際にあるとしても一般的にそれはもっと従順なもの、盛りをすぎた庭園のようなものであって、いくらか剪定は必要かもしれないが、実際のところすでに部分的には飼い慣らされていて、うまくかたちを変えるには少し修正が必要になる程度だ――こういった場所やその住民を道徳的に一段うえと見なす根拠がこれである。（ホッブズにおける典型的な荒々しい自然状態というのはひとつの例外だと思われるかもしれないが、これから見ていくように、非ヨーロッパ人にとってそれはただ本当にありのままの状態だということになる。実際、それは法則に抗うものというよりもむしろ法則をたしかめるためのものなのである。）

空間を道徳化することで、川を遡行する旅、あるいは帝国主義文学における一般的な表現を用いるなら内陸部への旅――文明の前哨基地を離れ、原住民の領土へと踏みこむ旅――は深い象徴的意味を帯びている。というのもそれは地理的にも個人的にも闇の奥、すなわち内的な悪と相関する外的な悪へと踏みこむ探検だからである。フランシス・フォード・コッポラがヴェトナムを舞台にしてコンラッドの小説を再編した一九七九年の映画『地獄の黙示録』のなかで、ウィラード（マーティン・シーン）は川を遡行し、カーツ（マーロン・ブランド）を発見する。米軍の（文明の）ユニフォームが一枚ずつ剝ぎ取られ、最終的には儀式で水牛を屠るカンボジアの村人たちと区別がつかないような山刀《マチェーテ》を手にした泥だらけの人物へとカーツの衣装が段階的に変わっていくようすが描かれる。川を遡行するウイラードの行程は、道徳的な堕落に陥る規範における下降であると同時に、次のような気づきにいたる認識における上昇でもある。つまりヨーロッパ－アメリカ文明の制約をとっぱらって（おそらくミライ集落で示されたように）、北ヴェトナム軍の「野蛮さ」を受け入れていたら戦争に勝っていたはずだ、と。(15)

　こういった野蛮さとの戦いは、ある意味で、野蛮人が存在するかぎりいつまでもつづくだろうし、かれらをとりまく非ヨーロッパ的な空間を汚染しつづける（またそれによって汚染されつづける）。要するに、空間は征服と入植以前のマクロなレベルで規範的に特徴づけられるだけでなく、その後もローカルなレベルで、ヨーロッパ人の街と原住民の地域、白人街と黒人街／ダークタウン、郊外とスラムといった区分けが残るということだ。「これはとくに人種化された権力に当てはまることなのだが、都市国家《ポリス》における権力というものは、そこに暮らす住民たちの空間的な関係をじっくり考えて見事に仕上げる」とデイヴィッド・テオ・ゴールドバーグは述べている。(16) 肌の色《カラー・バー》による差別、肌の色《カラー・ライン》による境界線、アパルトヘイト、ジム・クロウといったものの目的は、かれらの立場でこういった空間を維持することであり、美徳と悪徳、明るい場所と暗い場所、わたしたちの空間とかれらの空間とをはっきりと区分けして、人種契約によって規定された人間分布を持続させることである。道徳の地勢図はこれとは違っていて、そこのところをこれから文明化していかなければならないというわけだ。空間と人間のこのような区分けについて、フランツ・ファノンは次のように述べている。「植民地化された世界は二つに断ち切られた世界である……植民者の町は白人の町、外国人の町である……［原住民の町は］ニグロの町、うす汚いアラブ人の町だ……それぞれの区画に分けられたこの世界、二つに断ち切られたこの世界には、二つの異なる種が住みついている」[17]。実際、場と（隷属的）人間とのあいだの結びつきが密接であるということは、今後もその関係性を終わらせることはできないということであり、ジャングルと結びついたひとたちは、文明化された地域に連れていかれたとしても、ジャングルとともに移動するということだ。（いってみれば、ジャングルはつねにみずからを主張しつづけるということである。同化的な進化は退化につながるおそれがあるということだ。）あるいは次のように言うこともできるだろう。戦後のアメリカでは「都会のジャングル」という言い方が人気を博するようになったが、あの言葉が暗に（実際はそれほど「暗」でもないが）伝えていたことは、スラム街に非白人の住民が増えてきたということであり、それにともなって何もない郊外の聖域――わたしたちの空間／くつろぎの空間／文明化された空間――に白人たちが逃げるというパターンがそこに反映されているともいえるだろう。アメリカ、南アフリカ、その他の国の白人の空間では、黒い侵入者に対するパトロールがある。かれらの行動がどういうものであれ、その存在じたいが白人たちの文明化されたくつろぎの空間では汚点となるのである。アメリカの歴史にかつてあった人種隔離された近隣区域での外出禁止令（これは間違いなくいまも非公式の警察業務としてつづいている）のことを考えてみればいい。「サンダウン」タウン〔夜間の黒人の立ち入りを拒否する地域〕の外には注意書きがあったものだ――黒人《ニガー》よ、ここでは日が暮れないように気をつけろ。人種契約は空間の境界を定め、一級市民のための特権的空間を守る。

道徳的な評価と規範化はほかの次元でも見られる。世俗化という点でいっそう重要になってくる次元だ。これは昔ながらのキリスト教的な美徳と悪徳の問題ではなく、植民地と産業にまつわる新興の資本主義的／プロテスタント的な倫理の問題である。フランク・ウィルマーが述べているように、「第四世界」の原住民をヨーロッパ人が強制的に退去させ、また殺害してきたことを正当化するうえで、「進歩と近代化」というイデオロギーが五〇〇年にもわたって力を発揮してきたのだ(18)。こうして空間は、道徳的にみて強奪、搾取、移住、開発――一言で言うなら入植――が可能であると判断され、農業と産業にかんするヨーロッパの基準でもって国家的に特徴づけられていく。白人の入植地では、ときに空間が文字どおり空っぽで、だれもいない無効の荒地、「処女」地として表象されることがある。ただたんにだれもいない場所とされるのだ。あるいは人間のような存在がそこにいると認められる場合でも、実際にだれかがそこを占有しているとか、人間がその世界を作りあげたとか、そういうことは否定されてしまう。要するにそこにはまだだれもいないというわけだ。その土地はだれも住んでいない場所《テラ・ヌリウス》、空き地《ヴァキュウム・ドミチリウム》、つまりもう一度言うなら「処女地」なのである。「つまりはじめは全世界がアメリカだったのである」とロックは言う(19)。フランシス・ジェニングスが指摘しているように、「処女地と野蛮民族」という対概念は、相補的で主要な二つの神話なのである(20)。いずれの場合にも、それはまだひとが住んでいない場所、住んでいるとしてもせいぜい「害獣」「家畜」「野蛮人」であって、そういったものは自分の力で発展することができず、むしろ発展の邪魔になる存在であって、根絶するか、少なくとも追放することが文明化の前提条件となる。数の操作というものがあって、原住民の人口はたいてい組織的に一桁二桁少なく見積もられる。そもそも「未開社会では人口が多くなることはない」とされるからである(21)（いまはもう人口が多くないのだから、過去の人口の多さを認めようとは思わないというわけだ）。アメリカにおけるヨーロッパ人入植者たちの多くが自分たちのことを、「だれもいない」荒野——セオドア・ルーズベルトの言葉で言うなら「世界の未開人たちが手放した赤いゴミ」——にやってきた「内陸のクルーソー」と考えていた、とリチャード・ドリノンは述べている。(22) 同じく「オーストラリアの植民地への入植がはじまったとき、すべての土地は荒野とされ、王室の財産と見なされた」(23)。南アフリカでは、トレックボーア人〔ケープ植民地に移住したヨーロッパ人〕が人間狩りの探検に出かけ、あとで「漁師が自分の漁獲量を自慢するように、ブッシュマンの入った袋を自慢していた」(24)。つまり出来事の基本的な流れは次のようなかたちで進んだのである。そこにひとはいない、これが第一段階であり、かれらはその土地を改善していない、これが第二段階。さらに第三段階で、おっと！　どうしてだかすでにみんな死んでいる（もっとも、正直な話、実際は最初からそれほどたくさんいたわけではないのだが）。というわけで第一段階に戻るが、そこにはだれもいないのである、と。

人種契約は空間と人種、人種と人間ひとりひとりを結びあわせるものなので、その政治体制に見られる白人化された空間は、ある意味で政治体制というものが本来的にもっている地理的な中心なのだとも言える。土着の人間たちがかろうじて生き残った場合でも、かれらがその政治共同体のなかに受け入れられることはなく、みずからの故郷で外国人になってしまうのである。メルヴィルが描いているようなこの驚くべき最後の政治的秘密のトリックについて、ドリノンは次のように論じている。「国は東のほうから最近やってきた者たちでいっぱいになっていた。この謎のペテン師たちは原住民のふりをして、本当の原住民たちを人間扱いしなかった」(25)。同じようなことをオーストラリア人の歴史家が一九六一年に書いていた。「いずれにしろゴールドラッシュよりもまえに、オーストラリアにはどの人種であれ外国人はほとんどいなかった——原住民《アボリジニー》をのぞいては。びくびくしながらではあるが、わたしたちがかれらのことをその話し方から外国人と呼んでいいのであれば[26]」。(「ところできみたちはどこからやってきたのか。このあたりの者ではないね」。) このような人種化された空間はまたその国の拘束力がおよぶ地理的な領域を示すことにもなる。ローカルなレベルでの空間化の場合、以下のような想定のなかに規範化のあり方が見えてくる。いくつかの空間(例えばスラム街)は、その住民たちの特徴によって、福祉への依存、路上犯罪の高い発生率、下層階級の身分といったものが本来的に決定づけられているのであって、より大きな経済システムの作用によって、そういった問題が引き起こされているわけではない、と。こうして人種契約の興味深い結果のひとつが見えてくる。つまり、ある統治体制に見られる政治的な空間はその地理的な空間と同じ広がりをもつわけではないということである。こういった(闇の)空間に足を踏み入れる場合、それは白人の政治的空間とは規範的に不連続な領域に入ることを意味するのであって、そこでは差別的な財政支援(教育資源、ゴミ収集、インフラの修理)から警察による防犯の不在にいたるまで、さまざまな点でルールが異なるのだ。

最後に、身体そのもののミクロ空間がある(それはある意味でほかのすべてのレベルの基礎になる)。あとでより詳しく論じるつもりだが、こういった政治体に住んでいる人間と隷属人間、市民と非市民は、肌、肉体、髪といった表面的なもので具体化されながらそこに暮らしているということだ。非白人の身体には黒い後光がさしていて、実際はそれが白人たちを身体的に居心地悪くさせているのかもしれない。(一九世紀のアメリカの黒人建築家は設計図を逆から読む訓練をしていた。白人の顧客がかれの隣で机に向かうのを快く思っていないことを知っていたからである。) こういった感情には性的な側面もある。とくに黒人の身体はひとつの典型《パラダイム》としての肉体と見なされる。[27] ルイス・ゴードンが述べているように、黒人の「存在は不在の一形式である……黒人はみな手足のついた巨大な黒い胴体になる。黒い肉体《ザ・ブラック・ボディ》なのだ」[28]。白人は「しゃべる頭」でいいとして、黒い頭はたとえしゃべっていても、そういう頭がくっついている胴体のほうが不快なまでにずっと気になるのだ。(そういうわけで黒人の場合はせいぜい「しゃべる肉体」なのである。) 白人の保守層のなかには、初期のロックンロールを共産主義者の陰謀だと考えるものもいた。ロックンロールは黒人の身体リズムを白人の身体空間に持ちこんだのである。白人の空間をファンクによってひっくり返しはじめたのだ。あのリズムは文字どおりジャングルのリズムであって、野蛮な空間から電波に乗って飛んできて、白人の政治体制における文明空間とその住人たちの身体的な品位を脅かしたのである。しかし一九五〇年代に、白人ミュージシャンたちが「レイス・レコード」〔一九二〇年代ごろから黒人向けに製作されはじめたレコード〕の曲をカバーして、ジム・クロウ化したリズム・アンド・ブルースのヒットチャートに入るような歌を作るようになると、ジャングルのリズムは消毒され、清潔になり、アレンジも変わってしまった。つまりはっきりと分かるかたちで「白く」なったのだ。

もっと一般的な言い方をするなら、人間と人間とのあいだの日々のやりとりのレベルと、人間と隷属人間とのあいだの社会的やりとり(なんらかの抽象的な場で生じているやりとりではなく、この人種化された空間のなかで生じているやりとり)のレベルとを区別しようという、社会の基本的な要求がある。そうやってアメリカでは、奴隷制やジム・クロウ法の時代から、自由はかたちだけであって人種差別がつづいている現代にいたるまで、白人と黒人の身体的な交流は、移り変わる人種主義的エチケットによって慎重に管理されている。こういったエチケットは人種契約がその時代にどういうかたちになっているかによって最終的に決定づけられる。白人女性の生き方が人種主義によってどう形成されるのかを調査した研究のなかで、ルース・フランケンバーグは、結果的に生じる「人種の社会的地理」、つまり「つねに距離を保つこと」、みずから意識的に「身体的な空間を線で区切ること」を求める個人的な「境界線の維持」について論じている。[29]自分は白人であるという考え方が、そのひと自身の個人的な場となる人種的な空間にどういった受容可能なルートがあるのかを示すミクロ地図を生みだすのである。こういった空間の横断には支配が刻印されている。つまり他者としての黒人に対する尊重と譲歩、高慢ではないというジェスチャー(「無神経にジロジロ見ない」)といった規定どおりのポーズ、優先されるべき交通規範(「わたしの空間はあなたたちの空間を横切ることができます。道をゆずりなさい」)、親密になる空間と距離をおく空間、快適な区域と不快な区域を決定し、非白人の存在をいつ認めて、いつ認めないのかを決める暗黙のルール(ここまではオーケー、ここから先は無理)、さらに、言うまでもないが、最終的な違反行為、つまり白人の空間に黒人が侵入することを禁止し、処罰するための反異人種混交法やリンチなどもある。[30]先に述べたように、現実の統治体制が実質的に白人のものになっているのであれば、比喩的な表現を駆使せずとも次のように言うことができるだろう。非白人の身体は、白人の政治空間のなかを移動する野生の泡沫、緊張関係を永続させるために必要な不連続の結び目となるのだ、と。

人種契約は人間と隷属人間という区分をもうけて、個人を規範化（そして人種化）する。

昔ながらの社会契約に見られる、具体性を欠いた政治理論の場合、身体は消え失せ、理論的には取るに足らないものになる。同じく、その身体が占める物理的な空間も一見したところ、理論的にはたいして重要ではない。ただ、こういった消失はいずれの場合においても幻想にすぎない。実際のところは、特定の身体（白人男性の身体）が身体の規範であると想定されているからこそ、身体の問題などないかのように振る舞うことができるのである。そういう身体をもつ者どうしの政治的な対話において、かれらの肉体の細部は問題にならない。というのもかれらは等しく理性的で、等しく自然法を感じとることができ、みずからの利害を理解することができると判断されるからである。フェミニズムの理論家たちが指摘してきたように、身体が問題にならないのは、それが（白人）男性の身体であるときだけなのだ。ジェンダーや人種にかんして一見いかなる制約ももうけずに、「人間」をただ理性的な存在と定義するカントの場合ですら、女性の身体はまだ十分に理性的でなく、政治的に「受動的な市民」以上のものにはならないとされる。(31) 人種契約は明らかに身体の政治学にもとづく。身体の政治学というのは、さまざまな制約をとおして政治的な身体とかかわることである。身体はそういった制約にもとづいて「政治的」なものになる。非政治的な身体の所有者は政治的な身体を形作ること、あるいは政治的な身体に参入することができないと判断される。

ここで大昔の知的先駆者となるのは、言うまでもなくアリストテレスである。『政治学』のなかで、アリストテレスは「生まれながらの奴隷」について触れている。「生まれながらの奴隷」は、例えば戦争の際に捕虜になったせいでただ偶発的に奴隷になっている者たちと分けて考える必要がある、とかれは言う。[32]しかし、アリストテレスがものを書いていたのは古代のことで、奴隷はまだ人種的に区別されていなかった。こういった不運な者たちを選別する際に、いかに身元を確認するかという問題にかれは直面していた。人種契約は基本的にこの欠落を埋めようとするものであり、魂が隷属的な者とそうでない者とのあいだに（相対的に）はっきりとした線引きを行ない、身体的な特徴によってそれを区別する。先に触れたとおり、ヨーロッパ人と非ヨーロッパ人という昔ながらの区別は本質的に神学にもとづくもので、その大半が東と南におけるイスラムとの戦争、反キリスト、反ヨーロッパの（黒人）異教徒との戦争をとおして発展してきたものだ。征服、奪取、入植という政治経済的な企図の場合、こういった分類は偶発的なものになるというデメリットがある。ひとはつねに改宗することが可能だし、一連の権利が宗教的な土台にもとづくものであれば、異教徒を扱うようなやり方で同朋のキリスト教徒を扱うことにもなり、それは少なくとも表面上は問題になる（解消できない問題ではないが）。ヘイドン・ホワイトの注解によれば、アウグスティヌスの『神の国』においては、「もっとも恐ろしい人間もまだ人間」であり、「おおむね救済できる」し、キリストの恩寵によって罪から救われる「可能性が潜在的に」あったという。[33]一方、人種という世俗的な新しいカテゴリーは、一世紀近くかけて徐々に具体的なかたちであらわれてきたものだが、個人の生涯に対して永続的な効果をもたらした。野生人という中世から受け継いだ発想に寄りかかり、そこに肌の色を加味することで、人種契約は特定の体型を規範と見なし、そこから逸脱した者はその政治体制のなかで完全な人間、完全な一員になることができない。いつも生まれながらの奴隷というわけではないにしても、とにかくつねに生まれながらの非市民あるいは一段下の市民ということになる。「宗教的な発想から人種的な発想へと徐々に移り変わっていくなかで、みずからをキリスト教徒と呼ぶひとたちと、かれらに異教徒と呼ばれるひとたちとのあいだに走る深い溝は、白人と有色人種とのあいだの裂け目へとスムーズに置き換えられていった。その裂け目の片側の行為だけが、道徳的な責務という法によって正当と認められたのである」とジェニングスは言う(34)。

哲学的に捉えるなら、人種にもとづくこの規範化を道徳/法、認識、美学といった三つの領域に分けることができるだろう(35)。

道徳や法律の観点からみるなら、最初のところで述べたように、人種契約は地球上の社会的存在論に根本的な区切りをいれる。人間と隷属人間つまり下等人間《ウンターメンシェン》とを分ける存在論と言ってもいいだろう。ここ数年、自然権をめぐるカント流の道徳・政治理論が再評価され、功利主義が相対的に衰退していることもあって、「人間であること」にかなり哲学的な注目が集まっている。社会の幸福を増進させること、これが功利主義の根底にあり、そこに道徳が位置づけられる――最大多数のための最大幸福。ただし功利主義が批判にさらされやすいのは、全体的な社会的幸福を最大化するのであれば一部の人間の権利を侵害してもよいと考えるからだ。一方、自然権をめぐるカント流の理論は、個々の「人間」の尊厳を強調するものであり、個々の人間の権利は、たとえ全体の幸福度が減少したとしても侵害されてはならないとする。

さらに理想的には、わたしたちはすべてのひとびとが「人間」として扱われる世界を求めている。したがって「人間」という概念は規範化理論にとって欠かせないものになる。「人間らしさ」という概念にあらわれているような単純化された社会的存在論じたいは、資本主義の産物であり、一八世紀ブルジョア革命がもたらしたものである。モーゼス・フィンリーが指摘しているように、「法のもとの不平等」は古代世界によく見られるものだったし、(36) 中世の封建制はそれじたいが社会的に階層化されていた。カントの言う人間らしさは、ある意味で、序列と生得的地位にもとづくこういった世界に対立するものとしてあらわれたとも言える。平民と貴族、あるいは農奴、僧侶、騎士というように階級的に差別化された人間的価値が、すべての人間に与えられた「無制限の価値」へと置き換えられたのである。この発想は、数えきれないほど多くのマニフェストや宣言、憲法、倫理学の入門書に組み込まれ、いまではそれが説教じみたものになって、かつてそこにあった政治的な粉砕力を奪ってしまっているとしても、気高くて感動的なものなのである。ただ、強調しておかなければならないのは、こういったことを当然視することができるのは白人だけ（実際は白人男性だけ）だということである。かれらにとってはそれほど騒ぐまでもない自明の理ということですむのだ。ルシウス・アウトローが明らかにしているように、ヨーロッパのリベラリズムは「平等主義を、同等の者たちのあいだの平等」に限定するもので、黒人やその他の者たちはその人種のせいで「近代というリベラルな構想」の展望から存在論的に除外されている。(37) 白人の人間らしさを祭りあげると同時に、非白人の隷属人間らしさをも祭りあげること。これが人種契約の諸項目が意味するところなのである。

そういうわけで、人種契約によって構造化されている統治体制の機能を理解するためには、隷属人間らしさというものを把握することも必要だろうとわたしは思う。隷属人間とは、人種的な形質表現《フェノタイプ》／系統／文化によって不完全な人間とされ、それによって一段低い別の権利や自由を割り当てられる人間もどきのことである。つまり相手が人間であればできないようなことを隷属人間が相手であれば平気でやれるということだ——隷属人間には人間と同じ権利がないからという理由で。主流派の道徳哲学や政治哲学のなかでレイシズムが問題になる場合、そういったことは理想から逸れてしまった遺憾なケースとして注のなかで触れられることが多い。ただ、このような扱い方をすると、それが偶発的なもの、偶然そうなったもの、ついでの話といったもののように思われるし、わたしたちの理解からこぼれ落ちてしまう。実際は人種がずっと中心的な問題になっている状況で、それがまるで周縁的なものであるかのように見せかけられるのである。その一方で、隷属人間らしさという発想は人種契約を際立たせる。「逸脱」という観点から物事を特徴づけることがある意味で間違っていると気づかせてくれるのだ。ひとつの規範に合わせること、むしろこれが問題なのである。いまやそういう規範が存在すると認めることは恥ずかしいことなのだ。ひとびとは理想に向かって生きようとするものの、場合によっては（すべての理想と同じように）そこへたどり着くことができないこともある、社会契約が捉えようとしているはそういう理想なのだ、というような見せかけの議論はやめて、わたしたちは率直にこう言うべきなのである。白人にとっては人種契約こそが理想だったのであり、問題は（架空の）規範から逸脱することではなく、実際そこにある規範に固執することである、と。（先に指摘したように、こうして「例外主義」が原則となったのである。）理論としての「人種契約」は、人種をあるべき場所——中央の舞台——に置き、その統治体制が実際はいかに人種差別的なものか、いかに白人至上主義的な状態かを証明するものである。白人種という差別的な有資格性と非白人種の隷属によって、白人の道徳心理と道徳理論が定義づけられ、必然的にそういった理論が形成されていくのも、この白人至上主義的な状態を生みだすためなのだ。

　言うまでもなく、こういったことがもっともはっきりとあらわれてくるのが黒人の場合である。これまで何度も指摘してきたように、人種にもとづく奴隷制の退廃は（古代ギリシャやローマ、あるいは中世における地中海地域の場合とは異なり）奴隷制にはじめて色がそなわったことによる。植民地主義的なプロジェクトが概して存在しなかったとしても、人間らしさは人種にもとづくものになっているだろうし、「隷属人種」という概念も存在するだろう。白人と非白人、人間と隷属人間、これは決定的な概念上の区分なのである。この重要な分断をいったん行なってしまえば、ほかの内的な区分も可能になる。つまり人種契約のさまざまなヴァリアント（没収／奴隷／植民地）にあわせて、多様な隷属人間（先に述べた「野蛮人」と「未開人」のような）が出てくるのだ。キプリングの描く現地人にはひとつ以上の顔――「半分悪魔で半分子供」――がありえたはずだ。ある人種は（没収契約によって）ただ根絶させられるだけかもしれない（南北アメリカ大陸、オーストラリア、南アフリカがそうであったように）。一方、ほかの場合にも（植民地契約の場合のように）父権主義的な導きによって少なくとも文明化の手前まで（二流のものとして）連れていかれるかもしれない（アフリカやアジアの植民地のように）。どのような場合でも、要するに、同じ階層には属さない存在として扱われていたのであり、自主独立できないものと見なされていたということだ。「黒人、インディアン、〔南アフリカの黒人《カフィル》〕は民主主義に耐えられない」とジョン・アダムズ〔第二代アメリカ合衆国大統領〕は結論づけていた。[38]（ターザン、ザ・ファントム〔アフリカのジャングルから来た黒い覆面のヒーロー〕、洞窟の女王〔H・R・ハガードの冒険小説より。アフリカの秘境を支配する不老不死の白人女性〕、ジャングルの女王シーナ、さらには黒い森を支配し、法をもたない劣等種族に法を押しつけようとする白人の王やら女王やらを思い浮かべよ)。

さらにこのようなカテゴリー化は動的にかかわりあう。つまりヘーゲル派の哲学者には一目瞭然だろうが、さまざまなカテゴリーが互いに決定づけあうようになったのである。ひとりの人間であること、すなわち白人であることは――定義からして――隷属人間ではないということ、一段下の存在論的レベルに引きずり下ろされるような特質をもたないということを意味した。人種なき社会契約というカント的な理想世界の場合、人間は抽象的なかたちで存在することができる。一方、自然化された人種契約の非理想的世界の場合、人間は必然的に隷属人間とかかわる。というのもそれは「対位法的なアンサンブル」のようなアイデンティティであり、対立する二つがそろってはじめて成り立つものだからである。サイードの言葉を借りるなら、「ヨーロッパ人が上位に君臨するためには逆説的に」隷属人間が「一段下」にいてくれなければならないというわけだ[39]。

合衆国および南北アメリカ大陸のように奴隷制が存在したところでは、人種間の持続的な関係を定着させるために、白さと黒さが憎しみによって強制的に引き合わされながら進展した。この憎しみのなかで、両者は他者の眼差しをとおして否定しあい、また自己を認識することでたがいの存在を決定づけたのである。自由という概念がどう発展してきたのかを論じた〔全米図書賞ノンフィクション部門〕受賞作のなかで、オーランド・パターソンが述べているように、自由という概念は奴隷制の経験がもたらしたもので、人間のための規範は奴隷によって作りだされるのだ[40]。黒人アメリカ人を政治体制のなかに同化させようとするとき、いま問題になっているのは、トニ・モリスンが指摘しているように、定義上、アメリカらしさとはすなわち白人らしさであるという考えが国民の心理に深く刻み込まれていることである。一九世紀の終わりから二〇世紀初頭にかけてアメリカにやってきたヨーロッパの移民たちは白人のクラブに入会し、人種契約への支持を表明することで同化していった。[41] 黒人のコミュニティのなかで昔から言われている冗談がある。エリス島〔アメリカ合衆国移民局が置かれていた〕に着いてボートをおりたばかりのドイツ人、スカンジナビア人、あるいはイタリア人が最初に覚える言葉は「黒人《ニガー》」だ、と。黒人アメリカ人、アフリカ系アメリカ人は矛盾語法的であり、白人アメリカ人、ヨーロッパ系アメリカ人は類語反復的なのである。白さはその反対である黒さとの関係で決まる。白人の自己像としてのアイデンティティや人間らしさ、自尊心といったものは、黒い他者の拒絶と密接にかかわっているということだ。たとえどれだけ貧しくとも、肌の色の境界線《カラー・ライン》の反対側にいる隷属人間とは異なる白さにすがることができる。

同じくアリストテレス的な伝統から続いている認識の領域もある。歴史的に見ても、隷属人間であることを示す典型的な指標は、理性が不完全であること、つまり昔から人間と動物とを区別する特質であると考えられているものを完全なかたちで使うことができないことだとされてきた。社会契約においては、人間の認識力がだいたいにおいて同じであること、すくなくとも宇宙に内在する道徳体系（自然法）や、社会で協力するうえで理性的に求められることを理解するために必要とされる基本的な能力が議論に欠かせない要素となる。それに対して人種契約の場合、さまざまな人間集団が世界を理解し、自然法を感じとるその能力のなかに根本的な不平等が存在するといわれる。隷属人間は認識力の点で劣っており、完全なかたちで人間となるために必要な理性というものが欠けていると見なされるのだ。

初期のころの（神学的な）人種契約では、こういった差異は神の言葉を認識しようとしない異教徒との関係で語られた。一七世紀初頭のある牧師はネイティヴ・アメリカンの特徴を次のように述べていた。「姿かたち以外は人間らしさがほとんどなく、礼節も芸術も宗教も知らず、かれらが狩りをする野獣よりも凶暴で、ひとがいないあの荒野よりも野生的で人間らしくない。かれらはそこに住むというよりもさまよっている。悪魔の力に囚われているのだ[42]」と。のちの世俗的なバージョンでは、理性、抽象的な思考、文化的発展、さらには文明全般に対して人種的に無能である（ヨーロッパの世界地図におけるあの闇におおわれた認識空間をもたらす）ということになる。これと同じ系譜を哲学の領域でたどるなら、原始人の無力さにかんするロックの推論や、白人以外のどの人種も価値のある文明を築きあげたことはないというデイヴィッド・ヒュームの見解、黒人と白人のあいだで異なる理性のあり方にかんするカントの考察、黒人は能力の劣った特別な種であるとするヴォルテールの多元発生的な結論、「発達の初期段階にある」こういった人種には「圧政」しかないとするジョン・スチュアート・ミルの判断などが挙げられるだろう。非白人は知的に劣っているという仮定は、たとえ疑似科学的な概念で飾りたてなくとも広がっていった。そもそも疑似科学的な概念はダーウィン主義によって出てきたものである。もちろん、こういったことがいったん理論的に打ちだされると、数量化された根拠――新たに活気づいた頭蓋測定、脳の大きさや皺にかんする主張、顔の角度の計測、長頭や短頭をめぐる公式見解、反復発生論、そして最後にＩＱ理論――にもとづいて次から次へと規範化が推し進められるようになった。こういった特徴は知性と相関するかたちで変化すると推定され、非白人の知的劣勢を裏づける望ましい結果がつねに得られた(43)。

知力や認識力が同等ではないとするこういった発想にはさまざまな意味合いが込められている。先に述べたように、非白人の世界では文化的な達成などなかったことにされるので、文化を扱うことができる者の介入が必要だということになる。責任をもって道徳と政治に携わることができる主体になるために必要な道徳的発達が見られないということで、その政治体の一員にはなれないとされる。世界を本当のすがたで捉えることができないので、場合によっては法廷での証言が認められないこともある。アメリカにおける奴隷たちは主人にとって不都合な証拠を提出することができなかったし、オーストラリアのアボリジニーたちは白人入植者に反する証言をすることができなかった。一般的には、何世紀ものあいだ、認識をめぐる支配的な原則は以下のことを要求するものであったと言えるだろう。非白人の認識が有効と見なされるためには――少なくとも論争の的になる問題の場合がそうなのだが――白人の認識による検証が必要になる、と。極端な状況や例外的な状況（非白人から首尾一貫した証言が数多く寄せられる場合、白人の認識主体がもつ認識力になんらかの混乱が見られる場合など）にのみ、白人の認識を覆すことができる。（さらに複雑な要因が関係してくると、あからさまな生物学的レイシズムからもっとソフトな「文化的」レイシズムへと移りかわっていく。そこでは白人の西洋文化を習得できた度合いに応じて、非白人たちはその認識論的コミュニティに部分的なかたちでの参加が認められることになる。）

最後に、個人を規範化するには、身体の特殊な規範化、美的規範化が必要になることもある。道徳的な価値を判断することと、美的価値を判断することとは明らかに概念的に異なる。ただ、この二つを結びあわせる心理的な傾向というものがある。子どもたちの（大人の場合もあるが）童話に見られる約束事がそのいい例だ。そこにはハンサムな英雄、美しいヒロイン、そして醜い悪党が登場する。すべての社会は「身体の規範的なイメージ」をもっており、そこから逸脱すると警戒されてしまう、とハルマヌス・フティンクは述べている。[44] さらにジョージ・モッセが指摘しているように、啓蒙主義によって「人間的な美が古典的なモデルにあわせて定型化されたのである。古典的なモデルはすべての人間的価値をはかる尺度とされていた。……レイシズムはさまざまな定型にもとづく視覚的イデオロギーだった。……美しさと醜さは人間的な分類の原理であると同時に、尺度、天候、環境を構成する物質的な要素でもあった」。[45] 人種契約は白人の体を身体の規範と見なす。初期の人種差別的な理論のなかには道徳的な判断だけでなく、美的な判断も見られる。白くて美しい人種が黒くて醜い人種に立ち向かうのだ。非白人のなかには見た目が白人《コーカソイド》に近いということで、異国風の美しさや魅力があると見られる者もいる（ときにはネイティヴ・アメリカン、タヒチ人、アジア人などもそうだ）。白人の身体的特徴からさらにかけ離れたひとたち——典型的なのが黒人（アフリカ人やオーストラリアのアボリジニーなども）——は美的に受け入れがたく異常であるという烙印を押されることになった。ウィンスロップ・ジョーダンが実証しているように、イギリス人は初期の商用遠征の際に出会ったアフリカ人たちの見た目に注目し、あれやこれやの抵抗感を表明していたし、トマス・ジェファーソンのようなアメリカ人たちは黒人の特徴に対する嫌悪感を表明していた。[46]（興味深いことに、ベンジャミン・フランクリンは少なくとも部分的には美的な理由で、つまりアメリカを美化する一種の計画として、奴隷制に反対していた。奴隷を輸入したことで「アメリカの半分を黒くしてしまった」というみずからの懸念を表明する際に、かれはこう問うていた。「なぜアフリカの息子たちをアメリカに植えつけて増やすのか。黒や黄褐色をみな追いだして、愛らしい白と赤を増やすチャンスがこれだけあるというのに」[47]。）

こういった規範が受け入れられると、黒人はみずからの身体からもっとも疎外された人種ということになる。この運命は黒人女性にとってはとくに辛いものになる。すべての女性と同じく、黒人女性はおもにその身体的特徴によって（性契約の言葉を借りるなら）価値づけられ、概して白人の、あるいは明るい色の肌という理想形を欠いていると思われることになる[48]。もっと言えば、人種内および人種間の性的関係がもたらす明らかな結果とは別に、こういった規範はさまざまなチャンスや雇用機会にも影響を及ぼすことになる。数々の研究によって明らかになってきているように、「見た目のよい」身体的特徴は就職活動においても強みになるのだ。白人の血が混じった黒人が「白人」の世界で雇われる際に違ったかたちで表象されるのは偶然ではない。その生まれのおかげで、よい教育を受けていることが多いだろうし、白人はかれらに対して身体的な不快さをそれほど感じないということもさらなる要因となる。「かれらのうちのだれかを雇わないといけないのなら、少なくともこいつは見た目がちょっとわたしたちに似ている」と思われる可能性があるのだ。

人種契約は近代における社会契約を裏書きし、しかもつねに書き換えられる。

ラディカル・フェミニストたちは女性の抑圧がもっとも古い抑圧だという。それに比べると人種的抑圧はかなり最近の事象ということになる。両性間の関係は必然的に種の起源まで遡るものだが、集合体としてのヨーロッパと非ヨーロッパ、「白人」と「非白人」という人種間において中軸となる密接な関係は近代の現象なのだ。古代にレイシズムは存在したのか、どの程度まで存在したのか、これついては学者のあいだでもまだ論争がつづいている（さまざまな概念の複合体としての「レイシズム」、つまり発展した政治・経済システムに反するものとしての「レイシズム」）。フランク・スノーデンのような研究者たちは、黒人が明らかに同等と見なされているような「肌の色への偏見以前の」時代を探っているし、また黒人に対するギリシャ人やローマ人の偏見は最初からあったという者たちもいる。[49] ただ明らかなことは、この点についてどれだけ意見が分かれようとも、近代レイシズムのイデオロギーは古代や中世の偏見というよりも、むしろかなり理論的に作りあげられてきたものだということであり、ヨーロッパによる支配体制とかかわるものだという点については合意が得られなければならないだろう（観念論者であれ唯物論者であれ、そのひとが因果的優先をどう考えていようとも）。

とはいえ、こういった見解の相違から見えてくるのは、人種契約についてはさまざまな説明が可能だということである。例えば次のような説明にはわたしも賛同する。つまり人種契約は人種的な搾取をもたらすだけでなく、ひとつの集団的アイデンティティとしての人種それじたいを作りだすと考えるものだ。現代的な言葉を用いるなら、人種契約は人種を「構築」するということである。（ほかの説明の場合、もっと本質論的なものを挙げるなら、人種の自己同一性は人種契約の作成に先行するということになる。）「白人」はあらかじめ存在するものではなく、人種契約によって「白人」として存在しはじめる。この契約にともなって、一定の人間集団が特異なしかたで変化するのである。白人は作りだされるのであり、ひとは「法によって白く」なるのだ[50]。

このような枠組みで考えるなら、契約論の黄金期（一六五〇年から一八〇〇年にかけて）はヨーロッパ資本主義が発展していく時代と重なりあう。資本主義は数々の探検旅行によって促進されたのであり、そうやってこの契約がますます人種的な意味を帯びていったのである。近代の契約は、すべての人間に平等の権利、自主独立、自由を認めるもので、その特徴は反家父長制的な啓蒙主義的自由主義なのだが、この契約の進展と時を同じくして、虐殺があり、強奪があり、少なくとも人間のような姿をしていると見なされたひとびとを何代にもわたって奴隷として従わせた。この矛盾を解消する必要がある。人種契約によってその矛盾を解消するというわけである。人種契約は基本的にかれらが人間であるということを否定し、社会契約の諸事項を白人に限定する。「なにも悪いことをしない文明国のひとびとを侵略し、追い払うことは道徳の侵犯であり、国際法の原則を踏みにじることになる」とジェニングスは言う。「とはいえ、野蛮人は例外だった。定義上、いまだ文明化されていないかれらは、道徳と法が拘束力をもつ領域の外にいた[51]」。要するに、人種契約とは社会契約の本当の姿なのである。

古典的な契約論者たちによる著作のなかにこういったことが書かれているという明らかな証拠があ

る。つまりこれはわたし自身が、静寂のなかからただ「人間」とは実際のところ「白人」を意味したにちがいないと論じながら、仮定のうえで知的再構築を行なっているだけではないということだ。フーゴー・グロティウスが一七世紀初頭に書いた自然法にかんする著作は、のちの契約論者たちの重要な理論的背景となったわけだが、ロバート・ウィリアムズが指摘しているように、そのグロティウス自身が以下のような不吉な判断を下しているのである。「未開人、人間というよりむしろ野獣にかんしては、こういうふうに言うのが正しいかもしれない。もっとも公正な戦争は野蛮な獣との戦い、そして次に公正な戦争は獣のような人間との戦いなのだ、と」[52]。とはいえ、ここではもっとも重要な四人の契約論者たち——ホッブズ、ロック、ルソー、カント——に絞って考えていこう[53]。

まずホッブズの有名な自然の野蛮状態について考えてみよう。人生が「汚らしく、凶暴で、短命に終わる」ような戦争状態のことである。表層的に読めば、それは人種にかかわらず、すべてのひとに等しく当てはまるかのように思われるかもしれないが、「そんな時代などなかった、こういう戦争状態などもなかった」という反論に対するホッブズの見解には注意が必要である。ホッブズはこう答えている。「わたしが思うに、世界のいたるところで全体的にそうであったわけではない。ただ、いまでもその状態でひとびとが暮らしている場所がたくさんあるのだ」[54]と。そうしてかれは「アメリカの多くの場所にいる野蛮なひとびと」を例として挙げているのである。要するに、ホッブズにとっては、非白人というひとつの集団、つまり実際にかれの同朋であるヨーロッパ人たちが当時その領土を侵略しようとしていたまさにその非白人集団が、自然状態にあるひとびとの唯一の実例となっているのだ。（ホッブズによる特徴づけに見られる言葉づかいや用語は南北アメリカ大陸への入植にかんする同時代の著作物から直接とられたものだったのではないかという指摘は実際これまでもあった。「探検家」ウォルター・ローリーは、ある内乱のことを「戦争状態、すなわちだれもがあらゆる事物に平等の権利をもつ共同体の外部にある人間のたんなる自然状態」であると論じていた。さらにこの時代のほかの二人の著述家も南北アメリカ大陸の住民たちのことを「宗教も政府もなく、町も家もなく、土地を耕すこともせず、衣服を身につけることもしない野獣のような生活をしていたひとびと」や「文字をもたず、法も王も国家も芸術もなく……生まれながら市民にはなれない、原初の人間のようにいまでも暮らしているひとびと」と特徴づけていた。(55)

ホッブズは次の段落でつづけてこう述べている。「いつの時代であれ、個々のひとびとがたがいに戦争状態になったことなど一度もなかった」が、王と主権者とのあいだで「絶え間なくつづいている妬みあい」の状態なら「いつの時代にも」ある、と。おそらくかれは、「恐るべき共通の権力(56)」が存在しない場合に、なにが起こりうるのかを読者に想像させるために、このような論点を強調しているのだろうが、これは混乱を招くテクストだ。文字どおり自然状態の戦争など「これまで一度もなかった」とかれは言うが、その直前の段落では、いまもそういう状態で暮らしているひとびとがいると述べたばかりなのである。はたしてこんなことが同時に成り立つことなどあるのだろうか。この曖昧さのせいで、ホッブズは批評家に文字どおりの契約論者だと言われたり、仮定にもとづく契約論者だと言われたりするのである。とはいえ、わたしが思うに、かれのテクストには人種をめぐる暗黙のロジックが見られると気づいた途端に、こういった目立たない謎も雲散霧消するはずだ。そのロジックとは、文字どおりの自然状態は非白人のためにとってあるということ、白人の場合、自然状態はあくまでも仮定的なものだということである。白人どうしの衝突は、個々の統治者のもとにある者どうしの衝突、つまりすでに（つねにずっと）社会の内部にいる者どうしの衝突なのである。この種の衝突から、もし支配する君主が存在しない場合になにが起きるのかを（いわば人種間の深淵を手探りしながら）推定するというわけである。とはいえ実際は、周知のとおり、白人たちはあまりにも理性的であるため、こういったことがかれらに起きることを許さない。そういうわけで、契約論者の著作のなかでもっとも悪名高いこの自然状態――万人の万人に対する野蛮な戦い――は、実際のところ非白人の特徴なのであり、より理性的な白人のための人種的な訓話なのである。自然法にかんする白人の理解はより優れているため、かれらは必要な手立てを講じて自然状態を回避し、「野蛮人」のような行動をしないようにするということだ。

ホッブズはこれまで一般的には封建的専制主義と議会制の台頭とのあいだで揺れ動く過渡期の著述家と見なされてきた。社会契約はいまでこそ古典的に自由主義の台頭と関連づけられるが、ホッブズは絶対主義を擁護するために契約を利用している。あるいはこれとは別の意味で、つまり一七世紀なかばのイギリスにおいて、人種の隷属という知的発想が完全なかたちで定着するほど帝国の事業がまだ進展していなかったという点で、かれは過渡期に位置づけられるとする意見もあるだろう。人種に対して平等主義的なところがホッブズにはまだ十分見られるのだ。みずからの論のなかでネイティヴ・アメリカンを実例として挙げているとはいえ、彼が述べているのは、もし君主がいなければヨーロッパ人ですらかれらの状態に陥るだろうし、非白人にふさわしい専制主義的な政府は白人にとっても妥当だろうということである。(57) かれの著作をめぐる論争は少なくともこういった道徳的／政治的な主張がもとになっているとも考えられる。その後、植民地主義の拡大によってひとつの知的枠組みが強化されていく。つまり、そういった獣じみた自然状態は非白人の未開人たちのものであって、かれらは専制主義的に統治されなければならないが、ヨーロッパの市民たちは自由主義的な議会制の恩恵を受けることができる、という知の枠組みである。要するに、人種契約が社会契約を書き換えはじめたのだ。

ロックの時代にはこういった変化がいっそうはっきりと見えてくる。ロックの言う自然状態は伝統的な（利他的で計算づくでない）自然法による規範化によって規定されている。それは道徳化された自然状態であり、そこには私有財産や貨幣が存在する。要するに市民を想定した自然状態なのである。こうして白人もまた文字どおり（短い期間だとしてもとにかく）自然状態にあるものとされる。とはいえ、これによってみずからの本来的な性質が問いに付されることはない。ロックが次のように論じていることは有名である。神は「勤勉な者、理性的な者が利用できるように」世界を与えた、と。つまりその性質は労働によって示されるというのである。勤勉で理性的なイギリス人は故郷を離れ、アメリカの地で精を出して働いていた。かれらのなかには、怠惰なインディアンたちが「野生の森や未開拓の荒地を自然のまま放置している」ことに気づく者たちもいた(58)。かれらはしばらく非白人たちと自然状態を共有するが、そこに留まる期間は必然的に短くなる。かれらはそういう自然世界を私物化し、そこに価値を与えることによってみずからの優れた理性を誇示するからである。ネイティヴ・アメリカンの所有形態は、実際には占有（そもそもそういうものが存在するとして）でもなんでもなく、簡単に上書きできる所有権を差し出しているようなものであり、それゆえとうの昔に自然状態を脱したひとびと（ヨーロッパ人）に出会ったら最後、かれらの領土は規範に従って好き放題に強奪される運命にある。実際、ロックの論文は没収契約の中心的な支柱となっていたのであり——「白人文明のアメリカ征服を支持する規範的な議論の主要な哲学的記述」とウィリアムズは述べている[59]——、それはアメリカ合衆国だけでなく、のちのアフリカや太平洋におけるほかの白人入植地にも言えることだった。原住民の経済は土地に手を加えるものではなかったし、そういう意味で存在しないものと見なされたのである。

ロックの場合、おそらくその理論もそうだが、かれの行ないが奴隷契約においてある種の役割を担っていた。『第二論文』〔『市民政府論（統治二論）』の後篇〕のなかで、ロックは、例えば侵攻に対する防衛戦争のような正当な戦争によって生じた奴隷制のことは認めている。もちろんこれはアフリカ人奴隷を見つけようとしているヨーロッパの襲撃隊のことを的確に特徴づけようとするものではない。いずれにせよ、同じ章のなかで、ロックは世襲奴隷や、妻や子どもの奴隷化にもはっきりと反対している[60]。ただ、ロックは奴隷貿易を行なっていた王立アフリカ会社に投資していたし、それ以前にもカロライナの奴隷法の執筆に手を貸していた。人種契約が驚くほど矛盾した状態で姿をあらわしてくるのはここだと言うこともできる。この矛盾を解決するためには次のような仮定が必要になる。ロックは黒人を不完全な人間と見なしており、別様の規範的規則に隷属するものと考えていたのだ、と。あるいはおそらくネイティヴ・アメリカンに適用されたロックの道徳的論理は同じく黒人にも適用されうるのだ、と。つまり黒人は故郷であるアフリカ大陸を活用しなかったし、かれらは理性的ではないので、奴隷化することができるのだ、と[61]。

ルソーの著作はある種の例外と思われるかもしれない。とりわけ「高貴なる野蛮人」という発想はかれの著作と関連づけられる（実際のところ、この言葉はかれのものではないのだが）。『人間不平等起源論』では社会の起源が再構築されるわけだが、そこではだれもがどこかの時点で自然状態にあった（つまり「野蛮人」であった）ものとして描かれる。ただ、このテクストを注意深く読むと、またしても決定的な人種差別的表現がいくつか見えてくる。このテクストのなかで論じられる天然の野蛮人はすべて非白人の野蛮人であり、ヨーロッパにおける野蛮人の例としては、狼や熊に育てられた野生児にかんする報告に限られており、さらにその育児法（と伝えられるもの）がホッテントット人やカリブ人のものと比較されている。[62]（ヨーロッパ人はあまりにも本質的に文明化されているので、動物にでも育てられないかぎり野蛮人にはならない）。ヨーロッパの場合、野蛮さというのはぼんやりとした遠い過去の話なのである。冶金技術と農業が発明されたことで文明化がはじまったのであり、「ヨーロッパは、まだ文明化されていなかった最初期は別にして、少なくとも世界のほかの地域よりも継続的に文明化が進むことになった。それを示すもっともよい理由のひとつは、おそらく鉄が一番豊富にあったということ、さらに小麦が一番豊富にとれたこと、この二つが揃っていたからである」。とはいえ、ルソーがものを書いていたのは、ヨーロッパ人たちが巨大なアステカ帝国やインカ帝国と遭遇してからすでに二〇〇年以上経たあとの時代のことだった。はたして両帝国に少なくとも冶金と農業があったという証拠はまったく存在しなかったのだろうか。どうやら存在しなかったようだ。「アメリカの野蛮人たちにはまだ冶金も農業も知られていなかった。かれらがいつまでも野蛮人のままでいるのはそのためである」[63]。開明的な環境決定論だと当初思われていたものは、たしかに人種間の序列主義というよりも人種間の平等主義へと展望を開くものであったが、それが次第に悪化して、大規模な歴史健忘症と事実のねじ曲げへと変わっていった。それを助長したのが人種契約の諸前提だったのである。

さらに要点を明確にしておくなら、現実生活をとりしきる不正な契約がもたらした劣悪で腐敗した社会に暮らすヨーロッパ人たちよりも、ルソーの言う非白人の野蛮人のほうが「高貴」で、身体的にも精神的にも健全であるとしても、かれらはいまだ野蛮人なのである。要するに実際のところかれらは市民社会に参入することができない原始的な存在、かろうじて動物よりも上に位置する、言語をもたない存在なのだ。『社会契約論』はのちにルソーが理想的な統治体制についてまとめた著作なのだが、そのなかでかれが論じているように、完全に人間的な道徳的主体になり、正義を行なうことができるようになるためには、自然状態から出る必要があるということだ。[64] 非白人の野蛮人を礼賛するといっても、それは上から目線の限定的な礼賛なのであり、元気な生き物を見て感動しているにすぎない。理想的な統治体制下にある文明化されたヨーロッパ人とかれらが同等であることにはならないし、ましてやヨーロッパ人よりも優れているなどという発想には決してならない。文明人と野蛮人という人種間の根本的な二分法と序列化はいまでもはっきりと残っている。

最後にカントの言う社会契約について見ておこう。ある意味で、カントの言う社会契約はヨーロッパ人にとって人種契約がいかに魅力的なものであるのかを示すうえで最良の実例となる。カントの時代には、現実の契約も契約論の歴史的次元もすべてなくなっていたように思われるからだ。理性によってのみその存在が定義づけられる抽象人間たちのこの世界において、人種など関係ないではないかと思われるようになるのはこの時代である。ただ、エマニュエル・エゼが最近かなり詳細に証明したように、こういったオーソドックスな捉え方は根本的な誤解を招く。カントの言う「人間《パーソン》」や「契約」の性質については実際あらためて考えなおす必要がある。[65]というのもカントは近代におけるもっとも重要な道徳理論家として広く知られており、ある意味では近代道徳理論の父とも言える存在であり、ジョン・ロールズやユルゲン・ハーバーマスの著作をとおして近代政治哲学にとっても中心的存在になりつつあるわけだが、同時にかれはまた人種という近代概念の父でもあるからだ。[66]一七七五年にかれが書いたエッセイ「人類のさまざまな人種」は「人種の不変性と永続性」にかんする論説であり、そこでかれは古典的な遺伝説を擁護し、環境説に反対する立場をとっているのである。ジョージ・モッセが触れているように、カントの場合、「人種を構成するものは、あらゆる身体的外見や人間的発達の不変的本質であり、その基礎となるものである。また知性もそこに含まれる」[67]。人間らしさにかんするこの有名な理論家は、隷属人間らしさにかんする理論家でもある。懐疑的なひとはこれを陰謀論と捉えて不都合な真実を隠蔽するかもしれない。そういうこともあって、この後者の側面は前者に比べてはるかに知られていない。

　エゼが指摘しているように、カントは四〇年にもわたって人類学と自然地理学について教鞭を執っていた。かれの哲学的な著作はその間の講義とつきあわせて読まないと、道徳的な性格にかんするかれの見解がいかに人種によって色づけされていたのかをつかむことができない。『美と崇高との感情性に関する観察』におけるあの悪名高い一節は黒人の知識人によく知られているし、頻繁に引用されている。「人間の人種［黒人と白人］のあいだの違いはきわめて根源的なものであるため……肌の色と同じく知的能力の点においてもその差は大きいように思われる」。「[黒人の]言うことが愚かであるという明らかな証拠」は、「そいつが頭のてっぺんからつま先までまっ黒である」ということだ[68]。エゼの論考の要点は、カントのこの言葉は決して珍しいものではなく、(残念ながら)とくに深い意味もなく何気なく口に出したものではなかったということである。むしろ、この言葉は人種にかんして練りあげられた理論からでてくるのであり、それに見合った知的能力や制約からくるものなのだ。実際は、もっと大きな理論のなかに埋め込まれているもので、それゆえ何気なく口に出したものと思われているだけである。というのも、ひとつの制度としての哲学、白人の学問としての哲学は、カントの著作に見られるこのような側面の意味について研究したり、追究したりなどする気もないし、世界にそれを伝える気もないからである。

実際、カントはヨーロッパ人、アジア人、アフリカ人、ネイティヴ・アメリカンといった肌の色で区別された人種的序列を定義し、理論化する。しかもこの序列は生得的な才能の程度によって差別化されている。エゼの説明によると「「才能(がある)」ということは「生まれつき」白人であることの証《あかし》なのであり、カントの言う理性と道徳にもとづく人種的序列では、すべての生き物のうちでもっと上位にあるものが白人、そこに「黄色」、「黒色」それから「赤色」がつづく。カントの場合、肌の色は、「才能」の点で優勢か、劣勢か、あるいは「与えられて」いないか、さらには理性を実現する力はあるか、教育によって理性・道徳は完全なものになっているか、といったことを示す証拠となる。……したがって、カントの場合、肌の色はたんなる身体的特徴だったなどという議論は成り立たない。それはむしろ変わることのない、変えることのできない道徳特性の証《あかし》なのである」。ヨーロッパ人はみずからを道徳的に教育するために必要なあらゆる才能を持っているということを、だれも疑問に思わない。アジア人にもいくらか希望はあるものの、かれらには抽象概念を発展させる力が欠けている。生得的に怠惰なアフリカ人は、竹を割って作ったステッキで打ちすえれば少なくとも従僕や奴隷として教育することができる（カントは黒人を効率よく打擲する方法にかんする有益な助言を与えている）。惨めなネイティヴ・アメリカンは救いがたく、教育をほどこすこともできない。これまでわたしたちが教わってきたカントの著作のイメージ、倫理学入門のような授業で一般的に教わってきたようなそのイメージとはまったく対照的に、カントにとって完全な人間性とは実際のところ、人種にもとづくものなのである。エゼが端的に述べているように、「そういうわけで、例えば黒人は完全な人間性を認められていない。完全で「本当の」人間性というものは白人ヨーロッパ人にしか与えられていないのだ[69]」。

　ポール・ド・マンやマルティン・ハイデガーはナチスに加担していたということで最近騒動があった（ハイデガーの場合は数十年前のことだが[70]）。このことは視野に入れておく必要がある。ただ、この二人は本質的に目立たない選手、マイナーリーグの選手である。しかも理論と実際の行為とを分ける必要があることは言うまでもない。カントがジェノサイドを支援したと言うつもりはない。ただ、過去三〇〇年のあいだでもっとも重要なこの道徳の理論家が人間と隷属人間とを区別する近代の礎となっている理論家でもあるということ、さらにその後ナチの理論がこの区別を利用したこと、これは白人のヨーロッパにとって不愉快な事実なのだ。近代の道徳理論と近代の人種理論、両者の父は同一人物なのである。

つまり人種契約は社会契約を引き継ぐものであって、目に見えるか、隠されているかはさておき、ひとつの作用因となって社会契約の諸規定が及ぶ範囲を制限したり、修正したりするのだ。そこには共時的な変動も通時的な変動もあるので、人種契約には多数の異なるバージョンあるいは局所的に具体化されたものが存在する。社会契約も人種契約も時代とともに進化するため、社会契約じたいの効力も変動し、両者のあいだの認識上のズレなども変化する。（この変化によって、白人の契約署名者に見られる道徳心理や、洞察力と盲目性の特徴的なパターンが見えてくる。）しかし社会契約（その歴史的起源における姿）は、たとえそれにつづく世代がそのときどきの基本原則にもとづいてそれを承認するとしても（例えば暗黙の了解にかんするロックの理論をとおして）、それじたいが社会の基盤をなす、ある特殊な個別的事象なのである。一方、人種契約は、さまざまな種類の人種政治体制をつくりあげるために、つねに書き換えられる。

人種契約の時代区分をグローバルに捉えることで、つまりその進化を年代ごとに概観することで、白人至上主義がグローバルなかたちで制度化されるまえの時代とあとの時代で決定的に違っている点が見えてくる。（一三世紀／一四世紀における中世の世界システムにかんするジャネット・アブー＝ルゴドの著作には『ヨーロッパ覇権以前』というタイトルがつけられている。[71]）ヨーロッパ覇権以降の時代はさらに、形式上／法律上の白人至上主義の時代（ヨーロッパによる征服、アフリカの奴隷制、ヨーロッパの植民地主義、あからさまな白人の人種的自己意識、さらに人種差別的な諸理論の紛れもない覇権の時代）と、白人至上主義が事実上まかり通っているいまの時代とに分けることができるだろう。いまのこの時代において、白人たちの支配はもはや憲法や法律によってまもられているわけではなく、むしろかつて白人たちが征服したものの遺産にもとづく社会的、政治的、文化的、経済的特権の問題となっているのだ。

第一の時代、つまり法律上の白人至上主義の時代において、人種契約はあからさまなもので、特定のかたちで具体化されるもの——没収契約、奴隷契約、植民地契約——であった。白人が特権的な人種であり、平等主義的な社会契約は白人にのみ適用されるものだということは明らかだった。（白人の認識という点で、この時代には社会的透明性という大いなる利点がそなわっていた。というのも白人至上主義が公然と宣告されていたからだ。テクストの裏に意味を探し求める必要などなかった。意味はテクストそのものに書き記されていたからである。）一方、第二の時代では、人種契約は形式的な存在の外部にみずからを書き記すようになった。形式上、社会契約の諸項目がすべてのひとに適用されるようになり、「人間」はもはや「白人」よりも大きなまとまりになっている。この時代（つまり現在）を特徴づけているのは、白人が事実上いまでも保持している特権と、形式的な権利の拡大とのあいだの緊張関係である。もちろん人種契約はいまでもローカルなレベルで行われているさまざまなタイプの非公式な合意（抑圧的な協定、差別的な雇用契約、資源の分配にかんする政治的判断など）のなかに見られる。ただ、こういったこととは別に、決定的に重要なことがある。端的にいうなら、まだ問題化されていないことがいくつかあるということだ。現状はそうなっているのであり、それが今日の基準になっているのだから、という根拠で当然視されていることがある。それは富、貧困、財産、機会の配分がいまも肌の色で決められていること、形式的にも法的にも平等なのだから数百年にもわたる人種的特権にもとづいて作りあげられた不平等はもう改善できているというふりをすること、そういった基盤に踏みこむことは社会契約の諸項目に反することだというふりをすること、これである。（実際は――ある意味で――人種契約が社会契約の真に意味するところであるかぎり、そうならざるをえないのだ。）

グローバルに見た場合、人種契約は最終的に逆説的なかたちで空間を規範化し、また人種化する。つまりそれはヨーロッパの発展、さらにはヨーロッパ的な世界の発展とは概念的にも歴史的にも無関係な空間として特定の政治体制を書きだすことなのである。人種化されたこのような空間は文明への道（言い換えるならヨーロッパ的な企て）から切り離されたものとして分類されるというわけだ。フレドリック・ジェイムソンが述べているように、「植民地主義が意味しているのは、ひとつの全体としての経済システムの重要な構造的断片がいまやほかの場所にも存在しているということ、つまり本国の日常生活や実存的経験の外側、大都市の向こう側にも存在するということだ。……このように空間が分離的に結合すると、ひとつの全体としての経済システムがどのように作用するのかがたちまち分からなくなる」(72)。社会契約をヨーロッパ的国民国家の領域のなかにとどめておくことで、ヨーロッパ地域の産業、文化、文明の発展と、アフリカ－アジア、さらには南北アメリカ大陸の物質的で文化的な貢献とのあいだの結びつきは否定される。あたかもヨーロッパ地域で暮らす市民たちはとりわけ理性的で勤勉であり、世界の支配をこれまで可能にしてきたのはそのような特性であったかのように思われるのはそのためである。かつて周辺的であったこれらの地域をまるで特異なものであるかのように考え、みずからの発展を可能にしたさまざまな空間的つながりのネットワークからそれらの地域を概念的に切り離したうえで、「ヨーロッパの奇跡」などと言っているわけである。こういう空間は実際のところ、その空間とそれ以外の概念的には目に見えない空間とのあいだに打ちたてられた搾取的な因果関係によってその性質が決まっていく。そういう空間は抽象的な契約にもとづくヨーロッパ空間の領域内にとどまることで、独特で、比類のない、自律的なものとして価値づけられるのである。そうやって世界のほかの地域は白人の契約論者たちの歴史から消えてしまう。軽蔑すべき非ヨーロッパ的な空間、すなわち「第三世界」という一般的なカテゴリーのもとでひとくくりにされてしまうのだ。「第三世界」では、その土地の愚劣さと地理的な過酷さのせいで、自己充足的な白人の社会契約が刺激的なモデルとして受け入れられることはないというわけである。

国家という観点から見た場合、このような人種差別的な統治体制のなかで抽象的な社会契約の諸項目が拡張されるわけだが、その拡張が形式的なものにとどまらなかった場合、白人による抵抗が生じ(社会契約に対する抵抗が生じる場合も多い)、そこに人種契約が姿をあらわすことになる。かつて非白人は同等の人間ではないと判断されていたが、いまは非白人も同等の抽象的人間だというふうに見せかけられている。かつての体制においては人種的特権が法的にはっきりと認められており、結果的にさまざまな取り決めがなされた。いまはそういった取り決めを根本から変えないで、道徳の作動範囲を拡大することによって、非白人をその統治体制に完全に組み入れようというわけである。人種契約がとる新しいかたちが明らかに搾取的な場合もある。例えば「ジム・クロウ」契約による「分離すれども平等」という主張は明らかにばかげている。とはいえ、その他のかたち——職業差別契約や制約つきの契約——はその差別性を証明するのがむずかしい。職業紹介所はさまざまなタイプの口実を使う。「例えば、一九九〇年、ニューヨークシティ最大の職業紹介所に勤める二人の元職員が、黒人の申請者たちへの差別は、隠語を数多く用いて隠されていたとはいえ、日常的に行われていたと暴露した。黒人を雇いたくない依頼人たちは「完全にアメリカ人」である申請者を求めていた。紹介所としては、職業相談員のイニシャルを逆にすることで、申請者が黒人であると示すことにしていた」[73]。同様に、「アメリカにおけるアパルトヘイト」の現状にかんするある研究によると、昔の不動産業者は黒人への売り渡しを拒否するだけだったが、いまの不動産業者は、黒人に対して「笑顔で接しながら、一連の策略、嘘、ごまかしによって、白人の居住区域にある物件にかんする情報をかれらには与えず、下見もさせず、借りることも買うこともできないようにしている……ただ、こういった差別は潜在的なものであるため、それを体験している本人でもたいてい気がつかない。だれも確実には知りえないのだ」[74]。やがて非白人たちは気がつく。人種というものは、逆説的なことに、どこにでもあって、どこにもないものであり、それはかれらの生活を構造化するものだが、政治／道徳理論においてそのかたちが認識されることはないのだと。人種によって構造化された統治体制において、人種の支配力など心の問題だといって片づけることができると思うのは、人種的に特権化された者たちだけである。世界はまさにかれらを中心にして構築されているのだから、かれらには人種など見えないのだ。まず白が地の色としてあって、そこにほかの人種――自分たちとは違って人種的に特徴づけられた者たち――が立ちあらわれてくるというわけである。魚には水が見えない。白人には白人の統治体制がもつ人種差別的な性質が見えない。かれらにとってはそれが当たり前のことだからであり、その体制のなかをかれらは移動するだけだからだ。トニ・モリスンが指摘しているように、人種など存在しないと主張することじたいが人種差別的な行為になるコンテクストというものがある[75]。

人種を中心的なものと捉えるか、周縁的なものと考えるか、この問題にかんして非白人と白人のあいだでなされる今日の議論はそれぞれ、社会契約の土台となっている人種契約の存在を指摘しようと試みたうえで、その存在を否定しようとするものだと見なすことができる。主流派の政治理論に対して非白人がこれまでずっと不満を抱いてきた問題、さらにこれからも抱えていくことになる問題は、抽象化それじたいにかかわるものではなく(結局のところ「人種契約」そのものが抽象的なものなのである)、観念論的な抽象化にかかわる。それは人種差別的な統治体制に見られる決定的に重要な現実を抽象化して消し去ってしまうのだ。[76] 仮定的で理念的な契約への移行によって、こういった抽象化が促され、助長されることになる。というのは、現実世界において顕著に見られる非理念的な特徴はこの抽象化システムのなかに含まれていないからである。つまり、(非白人であればみな知っているように)人種がそのひとの生をかたちづくり、人生の可能性を左右する根本的な仕組みについて議論をはじめるための概念上の窓口がないということだ。

法律学の教授である黒人のパトリシア・ウィリアムズが不満に思っているのは見かけだけの中立性だ。本当のところ、それは「変装したレイシズム」であって、「レイシズムをそのまま持続させる」システムなのである。このシステムは「深いところにあって、怒りに満ちていて、目につくところからは消し去られている」のだが、これが存在するせいでひとびとは「目には見えない事物のかたちにしたがって実体を遠ざけたように、その幽霊をも避け」つづけることになる。[77] 哲学の教授である黒人のビル・ローソンは、伝統的な自由主義には概念装置が欠けていると述べている。伝統的な自由主義には、市民であり、同時に非市民でもあるという奴隷制廃止後の黒人たちの特殊な状況について考える余地がない[78]。黒人の法哲学者であるアニータ・アレンは法的なテクストにかんするアメリカの標準的な哲学に見られるアイロニーについて述べている。そういった法的テクストで繰り広げられる世界では、「すべてのひとがパラダイム的には有権者である」とされており、アメリカにおける実際の公判録はやや趣が異なる点をわざわざ指摘することはしない[79]。主流派の規範的な道徳／政治理論を引っ込めて、人種を無視する「理念的な」理論を打ちだしたところで、人種契約を目には見えない行間のエクリチュールとして書き直すことになるだけである。二〇世紀後半にものを書いていたアメリカ人であるジョン・ロールズは正義にかんする本を書き、戦後の政治哲学を復活させたことで広く知られているが、そこにはアメリカの奴隷制やその遺産にかんする言及はまったく見られない。さらにロバート・ノージックは、合法的な買収と譲渡にもとづく保有資産の公平性にかんする理論を生みだすのだが、アメリカの歴史がそういった理想から完全に逸れたケースを認める箇所は二、三文にとどまる[80]。

主流派の道徳・政治哲学が人種の問題については押し黙っていること、これは人種契約がその署名者たちに力を及ぼしつづけているしるしであり、色の違いはないというこの錯覚が白人の特権を現に揺るぎないものにしている。このような契約の諸項目を本当の意味で超越しようと思うのなら、ひとつの準備段階として、過去と現在におけるその存在について認識する必要があるだろうし、それが契約者とその犠牲者の双方にとってどのような社会的、政治的、経済的、心理学的、道徳的な意味があったのかを認識する必要があるだろう。富、財産、社会的立場、みずからを捧げようとする心理的傾向といったものがともなう状況で、現在をいくらか中立的な基準として扱うことによって、理念化された社会契約は人種契約の遺産を永続的なものとして捉える。第三世界では、数百万ものひとびと

――大半が非白人――が毎年餓死しており、さらに数億ものひとびと――やはり大半が非白人――がひどい貧困状態で暮らしている。第一世界と第三世界のあいだでどんどん深まっていくこの溝は不幸なことだと見なされながらも（たしかにその時々の慈善的寄付を呼びかけている）、それは大陸間の人種差別的搾取の歴史とも、大陸内の人種差別的歴史とも無関係であると見なされる。

最後に、人種契約は白人と非白人との関係性を変えることによって進化するだけでなく、白人として、また非白人としてだれが重要人物であるのかを決める判断基準を変えることによって進化する。（つまりそれぞれの人口変動のあいだの関係だけでなく、それぞれの人口における境界線そのものの変化もかかわる。）こうして――少なくとも人種契約にかんするわたしの好きな説明では――人種は脱生物化され、その政治的な基盤を露呈させる。ある意味で、人種契約はその署名者たちを作りだすのであり、また同じくその署名者たちが人種契約を作りだすのである。局地的には逆の場合もあるだろうが、全体的な傾向としては、かつては排除されていた当該集団を「白人化」することによって、特権化された人間集団を限定的に拡大していく方向へと向かっている。

ナチ計画は、当時グローバルなかたちで容認されていた人種契約をいっそう排他的なものに書き換えることで、時計の針を過去に戻そうとする試みだったと見なすことができる。（これはドイツ人たちがみずからを支配民族の支配者に仕立てあげようとする企てだったとある作家が皮肉を込めて述べている。[81]）こうして来た道を引き返すことは、ある問題を引き起こす。わたしが行なっている分類（白人／非白人、人間／隷属人間）は正確で簡潔であるという利点があり、人種差別的な統治体制の本質的な特徴を正しく把握し、社会的現実をその存在論的な継ぎ目で切り分けるものであるように思われる。ただしこの分類は一対の自己矛盾として、どちらもさまざまな可能性を網羅するものであるため、「境界線上にいる」ヨーロッパ人たち、つまり疑問符つきの白人たち――アイルランド人、スラヴ人、地中海沿岸地域のひとびと、そして言うまでもなくユダヤ人――をどこに位置づけるのかという問題が生じてくる。アイルランドとの植民地戦争において、イギリス人たちは日常的に軽蔑的な表現――「野蛮人」「人食い人種」「獣のような外見」――を用いていた。いまではこういった表現を白人に適用するなんてありえないことのように思われるだろう。[82] 一九世紀半ば、アイルランド人移民の波がアメリカ合衆国に押し寄せたことで、ある機知に富んだひとがこう言った。「すべてのアイルランド人がそれぞれひとりずつ黒人を殺して、その罪で絞首刑になるなら結構なことではないか」。さらに新聞の風刺画には、アイルランド人が類人猿として表象されていた。これまでわたしは非白人に対するヨーロッパのレイシズムに焦点を絞ってきたが、ヨーロッパの内部にもさまざまな「レイシズム」――チュートン族中心主義、アングロ・サクソン族中心主義、北欧人中心主義――が存在したのである。ヨーロッパ内部のこのようなレイシズムにかんしては、今日では古物研究家くらいしか興味を示さないだろうが、アメリカの移民法が「地中海沿岸地域のひとびと」よりも「北欧人」を優遇していた一九二〇年代には、そういったレイシズムにかなり力があった。(大衆文化にはこのような差別がいくらか見られる。『チアーズ』〔一九八二～一九九三年に放送されたアメリカのコメディ〕のファンであれば記憶にあるかと思うが、巻き毛のみすぼらしい「イタリア人」ウェイトレスのカーラ「リー・パールマン」が、金髪で「真っ白な肌の」WASPであるダイアン「シェリー・ロング」のことを「白んぼ《ホワイティ》」と呼ぶ場面がある。また一九九二年の映画『ゼブラヘッド』では、黒人の若者二人がイタリア人は本当に白人なのかという問題について議論している。）最後に、中世以来、ユダヤ人はキリスト教ヨーロッパによるセム人に対する差別や集団的迫害《ポグロム》の被害をこうむってきたことは言うまでもない。こういった迫害の記録は第三帝国のもとであの恐ろしいクライマックスを迎えることになる。

それでは、このような多様なヨーロッパ人たちを白人／非白人という二分法でどのように分類すべきなのか。二分法をやめて三つか四つの区分をもうけるというのもひとつの解決法だろう。ただし、わたしはそういうことをしたくない。実際、二つに分けるということがグローバルな人種差別的政治体制の本質構造を浮き彫りにするとわたしは思うからだ。したがってわたしの解決法は、このカテゴリーのなかに内的な区分を導入して、カテゴリーそのものを保持しながら、それを「柔軟化」することである。すでに指摘しておいたように、非白人のなかにはほかよりも高い地位についている者がいる（「野蛮人」に対するものとしての「未開人」）。例えば、中国人やインド人はアフリカ人やオーストラリアのアボリジニーよりも上に位置づけられてきた。そうであるなら白人をランクづけすることもできるだろう。実際、ウィンスロップ・ジョーダンが述べているように、「ヨーロッパ人が白人であるとしても、そのなかにはほかに比べてより白い者がいる」(83)。つまり、すべての白人は平等だが、ほかと比べていっそう白い者もいるし、より平等な扱いを受ける者がいるということであり、またすべての非白人は不平等だが、ほかと比べていっそう黒い者もいるし、より不平等な扱いを受ける者もいるということだ。根本的な概念上の切断、つまり第一区分はいまでも白人と非白人のあいだの区分である。より劣った白人という曖昧な立場には、非白人というよりもむしろ「くすんだ白」というカテゴリーがふさわしい。「黒い」アイルランド人に対する自民族中心主義的な優越感をレイシズムに仕立てあげようとするイギリス人たちの勇敢な試み」が失敗に終わったことに触れて、リチャード・ドリノンは次のように結論づけている。「かれらにとってケルト人〔アイルランド人はケルト系民族〕たちは「白い黒んぼ」のままだった」と。[84] ナチス・ドイツは例外として（これは後述する）、こういったことは境界線上にいるヨーロッパ人たちのすべての事例に対して一般化することができる判断――自動的に隷属人間というわけではなく、存在論的にはみな本物の非白人よりも上位にランクづけされる――であるように思われる。かれらが戦後のヨーロッパにたやすく同化させられ、アメリカでも完全な白人としてすんなり受け入れられたことじたいが、先に述べたような区分けの正しさを物語っている。

ともあれ、こういった問題のさまざまな事例は、人種契約の生物学的な根拠というよりも――本質論者たちに反して――むしろ社会的な根拠を明らかにするうえで役にたつ。見かけの白さとヨーロッパ的出自があればかならず完全な白人になれるというわけではなかったし、人種差別的な集まりの内輪の聖域に入ることができるわけでもなかった。さらに、かれらの受け入れを認めるためには規則を書き換える必要があった。（例えば、最近出版された本に『アイルランド人はどのようにして白人になったのか』というタイトルがつけられている。[85]）他方、「明らかに」白人ではない集団がその場その場で白人として見られる場合もある。日本人は枢軸国の同盟のために〔一九三五年、ナチス政権は日本人を「名誉アーリア人」であると発表した〕、あるいは限定的で地域的な人種契約のために（アパルトヘイト期の南アフリカにかれらが住んでいたとき）、「名誉白人」として分類されていた。とはいえ、グローバルな人種契約の後継者である西側諸国からは虫けら同然の非白人として分類されていた。[86] 一世紀前、ヨーロッパが中国を支配していて、義和団の乱があった時代、中国人は劣等民族と見なされ、「犬あるいは中国人お断り」と書かれた標識が掲げられていた。さらにかれらはアメリカへの移住をひどく制限され、差別されていた。二〇世紀初頭、アメリカの大衆メディアは中国人のことを「黄禍」として描いた。サックス・ローマーのフー・マンチュー博士シリーズに登場する腹黒い東洋人たちやフラッシュ・ゴードンの敵である冷酷非道なミン皇帝などがその例である。ただし今日のアメリカでは、アジア人は「模範的マイノリティ」と見なされており、そこに長く暮らしていると白人になってしまう「白人予備軍」と見なされることもある。あるアジア系アメリカ人の歴史家はこう問いかけている。「黄色は黒か白か」。答えはひとによって異なるだろう。(87) 重要なことは、白人会員になるための条件は時代とともに書き換えられているということであり、進化する人種契約によって規定基準が変化しているということである。

人種契約は暴力とイデオロギー的調整によって強化される。

定義上、社会契約は古くから自発的なものであり、個人の同意にもとづいて統治体制をモデル化するものであるとされてきた。国家にはわたしたちを統治する権限がある。この権限が正当化されているのは「われら人民」がその権限を国家に与えると同意したからだ。(それに対して、より古い時代の「封建的」な父権制モデル——『第二論文』のなかでロックが標的にしているロバート・フィルマー卿のモデル――では、ひとびとは生まれながらに服従するものと考えられていた。[88]）署名者たちがみずからの権利を国家に引き渡したり、委任したりするのではなく、なんら強制を受けずに同意してはじめて国家は正当なものと見なされる。同じく、この契約の主流派となる道徳主義的／立憲主義的なバージョン（ロックやカントの立場）が果たす役割は、そういった権利を擁護し、市民の安全を守ることである。つまり市民の権利には干渉しないミニマリスト的で夜警的なロックの立場であれ、市民の幸福を積極的に促進するもっと幅広い再分配主義的な立場であれ、自由主義的で民主主義的な国家は倫理的な国家であるということだ。いずれの場合においても、自由主義的な国家は、特定の市民を特権化しないという意味で中立的なのである。したがって議会を通過する法律には、その論理的根拠として、一般的に受け入れられる倫理的な目的のためにその政治体制を法的に規制する力がある。

もちろん自由主義的で民主主義的な国家のこのような理想主義的なモデルは、一〇〇年にもわたって、さまざまな政治的方面から批判されてきた。例えば、最近になって息を吹きかえしてきたヘーゲル的な道徳批判は、競争的で、しかも上位にあると見なされているひとつの理想、善なるものという共通概念を積極的に奨励しようとする共同体主義的な国家であるとしてこれを批判しているし、ファシスト的な協調組合主義的な国家ではそれが悪化したかたちで見られるし、アナキストは合法的な暴力の身体を奪うものとしてすべての国家に異議を申し立てる。さらに最近までもっとも影響力があったラディカルな批判、つまりマルクス主義的な分析の場合は、国家を階級権力の道具と見なす。自由主義的で民主主義的な国家は仮面を剝がせばおそらくブルジョア国家であり、支配階級の国家であるというわけだ。

人種契約のモデルが教えてくれるのは、これとは違う方法、つまり国家を理論化し、批判するための別の方法がわたしたちには必要だということである。わたしが言いたいのはこのことである。この場合の国家とは、人種差別的あるいは白人至上主義的な国家のことであり、その機能はとりわけ、しかるべき手段によって人種契約の諸項目を強化し、必要とあらば、次から次へと首尾よくそれを書き換えながら、当の政治体制を白人の、あるいは白人によって支配された統治体制として保護することである。

古典的な契約論の言う自由主義的で民主主義的な国家は、社会契約の諸項目を遵守し、市民を守る場合にのみ力を行使する。市民はこの道徳的な力を国家に委ねており、それによって自然状態では見られないような安全が保証されることになる。（結局のところ、はじめに自然状態から抜けだす必要があったのはまさにそのためだった。）それとは対照的に、人種契約にもとづく国家はそもそも中立的なものではない。その目的は隷属人間としての住民たちを人種契約の諸項目にいっせいに従わせることである。そういった住民たちが自発的にその諸項目を受け入れる理由などないことは明らかだ。この契約は搾取のための契約だからである。（他のやり方で公式化することも可能だろう。ひょっとしたらこちらの公式化のほうが優れているかもしれない。つまり、完全なる市民としての白人にとっては中立的だが、当然ながら非白人に対しては中立的ではないのであって、そういった非白人たちが本質的にもっている野蛮さはたえず自然状態に帰れと脅かすものであり、先にも触れたように、それは政治体制のなかに存在する野生の泡沫なのである。）

このような国家は必然的に白人と非白人、人間と隷属人間とを別様に扱うことになる。人種契約のその後のヴァリアントにおいてはこういった差異を隠す必要があるわけだが。人種差別的な国家は、まずみずからを打ちたて、のちにそれを再生産しようとする際に、強制力のある二つの伝統的な兵器――身体的な暴力とイデオロギー的な条件づけ――を用いる。

グローバルな白人至上主義の草創期において、あからさまな身体的暴力がこういった政治的企てのおもなかたちになっていたことは言うまでもない。例えば、南北アメリカ大陸征服時におけるネイティヴ・アメリカンの大虐殺、オーストラリアにおけるアボリジニーの大虐殺、アフリカ、アジア、太平洋における報復的な植民地戦争、奴隷狩りや中間航路〔アフリカと西インド諸島を結ぶ奴隷貿易の航路〕、「選別《シーズニング》」、さらには奴隷制じたいによる信じられないような死者数、国家の支援を受けたうえでの土地の強奪、強制労働形態の押しつけなどである。土地の没収契約の場合、隷属人間たちは殺されるか、保護区に置かれるかのどちらかであり、かれらとの広範囲におよぶ日常的な交流はかならずしも必要ではない。白人向けの政治体制にかれらは含まれていないのである。一方、奴隷契約や植民地契約の場合、人間と隷属人間とが定期的に交流せざるをえない。隷属人間たちが人種契約の諸項目に反抗する兆候をつねに見張らねばならないからである。仮に社会契約が自発的な従順さにもとづくものであるとするなら、人種契約は明らかにその政治体制を強制的に再生産させる必要がある。とくに奴隷制契約の場合、契約の諸項目によって、奴隷は人間らしさをみずから否定しつづけること、つまり私的所有物としての立場を受けいれることが求められる。土地の収用契約（殺害されるか、白人から離れた場所に隔離される）にせよ、植民地契約（いまは「マイナー」な地位にあるとはいえ、いつかは成人になることができるという希望を抱かせる）にせよ、そういったものを押しつけられるさまざまな隷属人間性に比べて、奴隷契約が求めることは心理的にやり遂げることが難しく、したがって潜在的には爆発を引き起こす可能性がある。カリブ海地域や南北アメリカ大陸には、新しく到着したアフリカ人たちが、プランテーションへと輸送されるまえに、ときどき連れてこられて「選別」される場所がいくつかあった。基本的にこれは身体をとおして実行される形而上学的な手術であって、それによってかれらは破壊され、人間からさまざまな動産的価値をもつ隷属人間へと作り変えられてしまう。とはいえ、隷属人間であることを受け入れているように見せかけるのが世の常であって、結局のところ、かれらにずっと警戒の目を向けながら、ごまかしの兆候はないかと探りつづけなければならない。永遠に警戒しつづけること、それが自由の代償なのだという気分がつねにあるというわけだ。

国家がもつ強制力——警察、刑罰制度、軍隊——はある意味で人種契約の執行者と見なすべきだろう。白人市民たちの平和を守り、犯罪を防止するために活動し、また人種的な序列を維持し、人種契約に抗議するものを見つけだし、破壊する。白人入植国家のいたるところで、非白人たちが差別的な割合で、いっそう長い期間、収監されるのはそのためである。アメリカにおける黒人に対する警察の残虐行為の長きにわたる血なまぐさい歴史を理解するには、例えば、個人的なレイシズムによる過剰行為としてそれを見るのではなく、こういった政治的な企てのひとつの有機的な部分としてそれを認識しておく必要がある。警察——とりわけ人種隔離政策とおもに白人で構成される警官隊を背景とするジム・クロウ法の時代における——は、基本的に「占領軍」だった。これは黒人のコミュニティではよく知られた捉え方である。

同じく、こういった白人の、白人によって支配されたすべての統治体制において、白人を攻撃すること、あるいは殺害することは、道徳的にも法的にも最大の犯罪、自然の秩序に対するおそるべき違犯としてこれまでずっと槍玉に挙げられてきた。それはたんに白人の（個人の）命にいっそう価値があるという理由によるものではなく、人種差別的な統治体制に対する挑発というもっと大きな象徴的な意味があるからだ。死刑は差別的に非白人に対して適用される。適用される犯罪の枠内においても（つまり同じ犯罪でも刑罰が人種的に差別されている）[89]、実際に殺害した場合においてもそうなのである。（アメリカにおける死刑の歴史を見ると、例えばこれまで一〇〇〇人以上が処刑されてきたわけだが、黒人を殺害した廉で白人が処刑されたケースはほとんどない）[90]。白人に対する隷属人間の暴力という個人的な行為、さらにもっと深刻な場合だと、奴隷の反乱や植民地における蜂起といったものは典型的なやり方で処罰されることが一般的だった。つまり他の者を勇気づけるために、白人被害者の数をはるかに上回る人数を拷問し、報復的に虐殺するのである。こういった行為は任意的なものと見なすわけにいかないし、個人的なサディズムの産物と見なすわけにもいかない（こういった虐待行為が個人的サディズムを触発し、またそのはけ口となっていくのだ）。それは非白人の隷属人間性にもとづく体制にとっての脅威、そしてその脅威に対するしかるべき――人種契約によってあらかじめ規定された――道徳的・政治的反応と見なされなければならない。本当のところ、その脅威は形而上学的なものである。というのも、攻撃にさらされているのは、そのひとの自己認識、つまり支配する権利が与えられた優勢な存在としての白人アイデンティティだからである。

　ネイティヴ・アメリカンの抵抗や奴隷の反乱に対する南北アメリカ大陸の反応にも、サン＝ドマング（ハイチ）革命、セポイの乱（「インド大反乱」）、ジャマイカのモラント湾暴動、中国における義和団の乱、ドイツ領アフリカにおけるヘレロ族の闘争に対するヨーロッパの反応にも、二〇世紀の植民地戦争や新植民地戦争（エチオピア、マダガスカル、ヴェトナム、アルジェリア、マラヤ、ケニア、アンゴラ、モザンビーク、ギニアビサウ、ナミビア）にも、白人ローデシアを維持するための白人入植者による戦いやアパルトヘイトの南アフリカにも、わたしたちは同じパターンの組織的な虐殺を繰り返し目撃してきた。このパターンから確実に分かることは、これまで白人の統治体制は存在論的な恐怖を送り届けてきたということ、その道徳的で政治的な世界の土台を現状どおりにしておくために、白色テロとでも呼びうるものをもたらしてきたということである。カスターの第七騎兵隊がスー族に敗れたことが「白人アメリカに与えた衝撃」を論じる際に、ある作家は次のように書いている。「四〇〇〇万人からなる近代国家がひと握りのみすぼらしい野蛮人にこのような敗北を突きつけられるなんてまったくありえないことだった[91]」。V・G・キーナンはハイチについて次のように述べている。「この島を支配しようとしてフランス人たちが行なったこと以上にひどい野蛮行為を、アフリカ人たちが行なったという記録はどこにもない」。さらにインド大反乱についてかれはこう書いている。「勝利のあと、野蛮な報復があった。この規模の報復は、はじめてだった。とはいえ、これが最後というわけでもなかった。西洋は東洋を恐怖でもって鎮圧しようとしていた。……二〇世紀におけるヨーロッパの歴史においても恐ろしい光景は数々見られたが、これまで伝えられてきた事実には、ほとんど信じがたいものがある[92]」。概して言うなら、非白人の抵抗に対する警戒心、それと同時に規模が違いすぎるような報復的暴力を行使する態勢、こういったことが人種差別的な政治体制の組成のなかに本質的に備わっているのである。しかもそのやり方は白人市民の典型的な犯罪への対応とは異なる。

ただし公的な国家的暴力だけが人種契約の支持体ではない。ロックの言う自然状態の場合、制定法にもとづく権限や刑罰を司る権限は存在せず、各個人が自然法にもとづいて加害者を罰することができる。自然法にもとづく分別をもたず、それを「放棄」しているということをみずからの行動で示す者、「人間が社会や安全を手に入れることを妨げる野獣」のような者は、合法的に処分してもよいということになる。(93) 人種差別的な統治体制において、非白人が本来的に(特定の瞬間にそのひとがなにをしているのかはまったく関係なく)獣的で野蛮であると見なされるというのであれば、その延長線上で、かれらは自然状態を連れて歩いている者、野生や荒野をみずから具現する者として概念化することができるだろう。つまりかれらは市民社会のなかにおいてさえ、可動式の無法地帯の中心に位置づけられる存在であると見なされる。このような無法地帯においては、市民と市民、白人と白人とのあいだの道徳的・法的拘束力が生じることはない。とりわけ公的な白人の統治機構が遠くにあったり、信頼できなかったりするような前線の状況下では、個々の白人がみずから人種契約を行使できると見なされる場合がある。その典型ともいえるアメリカには(オーストラリアにおけるヨーロッパ人の入植やアジアおよびアフリカの「藪《ブッシュ》」や「ジャングル」における前哨基地でもそうだが)、自警とリンチの長い歴史がある。基本的に白人の官僚たちはそれを黙認し、多くの場合、だれも罰せられることがない。加害者が明らかな場合でもそうであり、場合によっては写真まで手に入る状態だというのにそうなのである。(数日前にリンチが告知されていたこともあり、数百人あるいは数千人が周辺の地区から集まった。)(94) 一九〇一年、オーストラリアの北部準州で、政府のある軍医がこう書いている。「先住民たちはカラスのように撃ち殺され、それをだれも気にもとめないということはよく知られていた」[95]。

こういった強迫にはイデオロギー的な側面もあった。人種契約にはそれに加入する署名者がいて、かれらはそれによって「白人」となるわけだが、それは同時に契約の犠牲者、つまり契約の対象物を「非白人の隷属人間」として特定するものでもある。こういった企てはどちらにとっても手間がかかる。人間を物として見るような概念装置の開発が進み、それをとおして白人たちは非白人に対する見方を習得しなければならず、さらに決定的なことは、非白人たちもそれをとおして自分たちの見方を習得しなければならない。非白人たちにとって、これは「選別」や「奴隷の調教」といった身体的なプロセスと同等の知的営みといえるだろう。その狙いは隷属人間であることを受け入れる存在を作りだすことである。フレデリック・ダグラスはあの有名な最初の自伝のなかで、「道徳的で心的なヴィジョンを曇らせる」必要性、さらに奴隷がもつ「理性の力を可能なかぎり無力化させる」必要性について述べている。「〔そうすれば〕かれ〔奴隷〕は奴隷制のなかにいかなる矛盾も見いだせないはずだ。奴隷制は正しいことだという気にさせられるにちがいない。そうなってくるともう人間であることをやめるしかない[96]」。しかし、もともと教育とは無縁とされてきた黒人たちも、のちに、つまり南北戦争後の時代になって、ポスト奴隷の身分にふさわしい教育を受けることができるようになった――ただし、それは過去を否定することであり、歴史や歴史的成果〔奴隷制からの解放〕を否定することでもあった。そうやってかれらは使用人や召使い、こっけいな黒人《クーン》や黒んぼ《サンボ》、愛想のいいトムおじさんやジェミマおばさんといったお定まりの役割をできるかぎり引き受けるようになったのである。黒人アメリカ人の体験から生まれたもっとも有名な本のひとつのなかで、カーター・ウッドソンはそのような「黒人教育の失敗」を告発している。[97] さらに「分離すれども平等」という人種隔離政策のやり方が「見事に機能してきた」のは、それによって白人たちが、どの世代においても良心の痛みをほとんど感じることなく自分たちが望むような黒人だけを作りあげることができたからだ、とジェームズ・ボールドウィンは明言したのだが、そういう発言が可能になったのは一九五〇年代になってからのことだった。[98]

ネイティヴ・アメリカンによる抵抗は一八七〇年代にはほとんど見られなくなっていたのだが、かれらの場合、文化的な同化政策が導入されるにあたって掲げられたスローガンは「インディアンを殺して、人間を救いだせ」だった。スー族のサンダンスのような土着の宗教的信仰や儀式を弾圧し、根絶することがその狙いだった。[99] それから一〇〇年経って、ブラジルのパレシ族インディアンであるダニエル・カビシが同じようなことを訴えている。「布教活動というのはわたしたちを内側から殺す。……かれらはわたしたちの価値観をけなして、別の宗教を押しつけてくる。そうやってわたしたちから個性を奪い、インディアンであることを恥じるよう仕向けてくる」。[100] モホーク族の学者であるジェリー・ギャンビルは「インディアンの「頭皮を剝ぐ」ための二一の方法」をリストアップしている。その冒頭に「そいつを人間と見なさないこと。人権というものは人間のためにあるものだ。インディアンには自分たちの祖先が野蛮人であって、異教徒だったのだと思い知らせないといけない」[101] とある。同じく植民地事業において、カリブやアフリカ、アジアの子どもたちがイギリス、フランス、あるいはオランダの教科書をとおして教えこまれたのは、自分たちが向上心のある有色のヨーロッパ人だということ、植民地主義的な介入によって自分たちの文化の野蛮さから救いだされたということ、「わたしたちの祖先であるガリア人」のことをしっかりと暗唱し、「肌は黒いが白いマスク」を着けた大人へと成長することだった。(102) オーストラリアのアボリジニーの学生たちの言葉を引用すると、「**有色人種《ブラック》は**、白人の学校で間違ったことを教え込まれる。とはいえ経験によってそれは正される。……**有色人種《ブラック》は**、白人の学校へ行っても、賢くなって家に帰ってくることはない(103)」というわけだ。グギ・ワ・ジオンゴがかれの生まれ故郷であるケニアでの体験から述べているのは、大英帝国の「文化爆弾」によって、ギクユ語の口承による学びが禁じられ、かれ自身も学友も自分たちのことを、そして自分たちの国のことを、H・ライダー・ハガード〔イギリスの小説家。七一頁も参照〕やジョン・バカン〔イギリスの推理小説家〕といった外国人の目で見るように訓練されたということである。「文化爆弾の効果は、ひとつの民族が自分たちの名前、自分たちの言語、自分たちの環境、自分たちの闘争的遺産、自分たちの団結、自分たちの能力、そして最終的には自分自身に対して抱いている信念を消し去ることである。そうすることでその民族に自分たちの過去はこれまでなにも成し遂げてこなかったひとつの荒野なのだと思わせ、その荒野から離れたいと思わせるのである(104)」。イデオロギーとしてのレイシズムは、白人だけでなく非白人の心にも向けられるものであり、服従することを教えこむものだと考えなくてはならない。社会契約が、すべての市民、すべての人間が自分を尊重し、互いに尊重しあうことを求めるものであるとするなら、人種契約は、非白人が白人市民に対して自己嫌悪に陥りながら人種的に服従することを求めるものだ。こういった教育が最終的に勝利をおさめるのは、人種契約が非白人にとってさえも「合意にもとづく」、「自発的」なものになるときである。

第三章　「人種契約」理論の「自然化された」利点

最後に、これまで論じてきたモデルの利点を指摘しておきたい。それは実際の歴史的記録にかんするひとつの「自然化された」説明となっている。〔ここで言う「自然化された」とは、「客観的な事実（自然主義的認識）にもとづいて構想された」という意味である。〕そこには規範的な願望だけでなく、解説まで含まれている。みなが望んでいる（と思われる）政治的理想の実現を妨げているものはなにか。これを特定し、説明することができれば、わたしたちはよりよい立場からそういった理想をもたらすことができるだろう。白人の行為主体の多くがもつ現実的な道徳意識を追跡し、非白人たちがつねに目にしている実際の政治的現実を浮き彫りにするという点で、わたしの言う「人種契約」の理論は、一見すると抽象的で一般的なように見えながら、実際は「白人」のものである社会契約の理論よりも優れているということが分かる。

人種契約は道徳的な白人主体（の大半）がもつ現実的な道徳／政治意識を歴史的に追跡する。

価値論の一部門である道徳理論では昔から理想の領域を扱う。その理想に応えるかたちでわたしたちは道徳的な行為主体として生きていかなければならないというわけである。今日の政治哲学は基本的に、社会的／政治的な領域に倫理学を応用したものとして構想されている。つまり政治哲学もまた理想を扱うものだと考えられているのである。とはいえ、本書の最初の二つの章で、わたしはかなり時間をかけて実際の歴史的な記録と、最近のグローバル・ヒストリーのなかに蔓延している実際の規範や理想について論じてきた。理想化された説明というよりも、最近の哲学者たちが用いている言葉で言うなら、「自然化された」説明と呼びうるものをわたしはこれまで提示してきた。そういうわけで、わたしは当初から契約という言葉を昔ながらの意味で用いたいと言ってきたのだ。古典的な契約は、なにかを規定すると同時に、それを記述し、説明しようとする。わたしたちが支持したいと思う規範（いわば理想的な理念）に倫理学や政治哲学の関心が向けられているとするなら、本書がこれまで論じてきたことにいったいどのような意味があったのか。あるいは「自然化する」倫理学は明らかに理想の領域なのだが、その重要性とはいったいなんなのか。

わたしが言いたいのは、歴史を無視した抽象的な観念から議論をはじめるよりも、歴史的に支配的な実際の道徳的／政治的意識と歴史的に支配的な実際の道徳的／政治的理想に目を向けたほうが、社会の規定がしやすくなるということだ。つまり、こういった欠点だらけの意識とか唾棄すべき理想を支持することが重要なのではなくて、そういったものが及ぼした過去の、そして現在の影響と力を認識し、その源流を特定することによって、それを正すことが重要なのである。よりよい未来を実現するには、過去の――そして現在の――醜い真実を認めるだけでなく、そういう現実がどういうふうに伏せられ、どういうふうに白人たちに受け入れられていくのかを把握しなければならない。わたしたちが知りたい――記述して説明したい――と思うのは、人種なきすばらしい世界というこの理念が実際に妨害され、自然化された非理想的な人種差別的理念が推進されてきたさまざまな状況である。過去になにを誤ったのか、いまはなにが間違っているのか、そして、もしそれを食い止めないなら、今後なにが間違ったままになるのか、わたしたちはそれが知りたいのだ。

　いまは人種の問題が比較的穏やかな状態にあるので、経験の浅い軽率な学生――銀河系のどこかの都市からやってきた人類学者のような存在――が昔ながらの道徳理論を学んだとしても、理想からの逸脱などは偶発的なもの、突発的なもの、理論的に不可解なもの、あるいは苦労して理論化するに値しないものと考える。そういう突然の来訪者はおそらく、一般的にはみな決まった規範にしたがって生きようとしているが、人間の弱さというものは避けられないものであって、ときにはその規範から逸脱する場合もあるというふうに片づけてしまう。とはいうものの、こういった結論は実際のところ、まやかしに過ぎない。レイシズムや人種にもとづいて構造化された差別が、決められた規範からの逸脱であったことはない。事実上の統計学的分布としてパターン化されているという意味でもそうだが、最初に強調しておいたように、形式上成文化され、文書化され、そういうものとして公言されるという意味でも、差別そのものが規範となっているのである。このような見通しに立って、人種契約は社会契約を受けとめるのだ。そうやって義務や権利、自由といったものが、人種的に差別化された土台にもとづいて割り当てられてきたのである。過去と現在における実際の道徳的慣習を理解するには、自己の利益と他者との共感のあいだで揺れうごく良心の葛藤について、決められた基準のもとで抽象的に話しあうことも必要ではあるが、人種契約がどういう仕方で人種差別化した道徳心理を作りあげるのかを率直に見定めていくことも必要なのだ。要するに白人たちは自分たちが道徳的に行動していると考えながら、人種差別的なやり方で振る舞おうとするということである。つまりかれらは特定の行動パターンが人種差別的なものであると認識するにあたって、本当の意味での認知的困難を抱えてしまっているのだ。動機づけとか悪い信念といった問題とはまったく別に、たんなる概念上の観点から見ても、正しいことを見たり行なったりするにあたって、かれらは道徳的な障碍を抱えこんでいるのである。最初に強調しておいたように、人種契約は無知の認識論を政治体制に加入するためのひとつの条件と見なす。

　フェミニストの政治哲学者たちは、古典的な男性理論家たちのあいだで女性の隷属にかんする見解が驚くほど一致していることを記録してきた。ほかの政治的あるいは理論的問題の場合、かれらの立場は真っ二つに割れる可能性があるのだが、女性の問題にかんしては共通の合意が存在する。イデア論を提唱するプラトンと唯物論を提唱するアリストテレス、この二人も女性は従属的でなければならないという点では意見が一致する。絶対主義者のホッブズとラディカルな民主主義者のルソー、この二人の場合も同じである[1]。これまで論じてきたように、人種契約の場合も、ホッブズ、ロック、ルソー、カントといった契約論者たち、さらにその理論的ライバルたち——反契約論者であるヒューム、功利主義者のミル、歴史主義者のヘーゲル——のあいだにも同じパターンが見られる。ミルは、かれの言う反父権主義は「未開人」にとっては「有害な原則」になるため適用することができないと言い、野蛮人たちには植民地主義的な専制政治が必要だと主張しており、ヘーゲルはアフリカにはいかなる歴史も存在しないと言い、黒人は奴隷になることで道徳的に改善されると言う。[2] さまざまな方向性が見られるかれらの思想と、人種契約は「垂直に交わる」のである。ほかの問題にかんしてかれらの理論がどれだけ多岐にわたるものであろうとも、人種契約については、かれらがみな当たり前と見なす共通の前提ということになる。かれらが触れようとしなかったものを証拠として挙げることもできる。グローティウスの堂々たる著作『自然法および西インド諸島征服の不正について』、ロックの感動的な著作『インディアンの扱いについて』、カントのやはり感動的な著作『黒人の人間らしさについて』、ミルの有名な告発書『英国植民地主義に対する功利主義の影響』、カール・マルクスとフリードリヒ・エンゲルスの怒りの書『奴隷制の政治経済学』、こういった本はなぜ書かれなかったのか。[3] 知識人たちは自分が関心をもっているものについて書くのであり、重要だと思うことを書く。とくにそれが多作の書き手である場合、なにも言わないということは、そのテーマにあまり関心がないということの証拠となる。ヨーロッパによる支配と切り離すことができない大いなる犯罪を告発しそこねたという点、あるいは非難するにしてもあまり乗り気ではないという点、あるいは場合によっては実際にそれを是認したという点、こういった点でヨーロッパ倫理学における主要な理論家たちの大半が人種契約の共謀者なのだということが見えてくる。

わたしたちがやらなければならないのは、人種差別化された倫理がどう作用するのかを見極め、それを把握するすべを身につけることである。ひとはどうして、正しいことをしていると思いながら、一貫して間違ったことを行ないうるのか。ある意味でそれは認識の問題であり、白人の道徳的な認知機能不全の問題である。この問題そのものは今後、認知科学の新しい研究プログラムによって研究されることになるだろう。例えば、アルヴィン・ゴールドマンが最近行なった「自然化する」倫理学にかんする新しい調査報告によると、認知科学が道徳理論に示唆を与える可能性がある領域は三つあるという。すなわち（A）概念を応用する論理のような、道徳的思考において用いられる「認知的材料」、さらには行為主体の文化的な環境によってそういった材料がどう規定されるのかということ、（B）主観的な幸福にかんする判断、さらにその判断が自分と他者との比較によってどの程度影響されるのかということ、（C）道徳的感情に影響を及ぼすさいの共感の役割である。[4]

ここまで論じてきたように、統治体制にとってレイシズムはきわめて重要なのであり、右に挙げたすべての領域で、それが白人の認識形成に大きな効果をもたらすことになる。これはもう明らかだろう。（A）人種契約によって醸しだされる知的環境のせいで、人種的序列を合法化するような概念の妥当性を白人たちが当然と見なすようになり、自分たちのことを第一民族として特権化し、非白人を隷属人間の地位に追いやり（第一段階）、その後、かれらは当の統治体制を脱人種化する概念の妥当性を当然と見なし、そこには人種差別的な構造化など存在しないと考える[5]（第二段階）。（B）優れた白人と劣った非白人、この二つは相互依存的に定義づけられるのであって、白人たちは意識的に、あるいは無意識的に、非白人たちの行動の仕方をひとつの基準にしてみずからの行動を価値づける。非白人というひとつの集合との対比によって差別化された特権に力を持たせること、これが白さの本質なのである。[6]（C）人種契約には非白人の搾取がかならず伴う。そのため、場合によっては非白人の苦しみにほんの少しだけ影響されるような情動と共感のパターンを白人のなかに植えつける必要が生じる。以上の三点すべてにおいて興味深い構造がいくつか見られる。それは人種とかかわる道徳的認知の歪みであって、その構造の一部でもこの新しい研究プログラムが掘りさげてくれればと思う（これまで放置されてきたようすから判断して、あまり楽観視できないのだが）。

この閉ざされた道徳的関心は、一種の「優秀民族《ヘレンフォルク》の倫理学」だと考えるのがいいだろう。部分集合としての白人（人間）に適用される原則は、皮膚の色の境界線《カラー・ライン》を越えて部分集合としての非白人（人間以下）のもとにやってくると、それに合わせて姿を変える。（スーザン・オポタウは排除の道徳性にかんする詳細な調査を行なった。排除の道徳性が見られるところでは、特定の「個人あるいは集団が、価値や規則、公平性への配慮といったものが適用される領域の外部にあるものと見なされる」。つまり先に述べたことは、そういった道徳性の人種版とも言えるだろう。[7]）これはさまざまなかたちになりうる。まずは優秀民族のロック主義的定義だ。この場合、白さそのものが財産ということになり、非白人はみずからを完全には、あるいはまったく所有しておらず、非白人は労働によって自然を私物化することもない。[8] さらに優秀民族のカント主義的定義というのもありうる。この場合、非白人は無限よりはるかに小さい値の隷属人間として数えられ、白人と同等の立場にあるというよりも、白人への人種的服従が求められる。白人の自尊心はこのような非白人の服従と概念的に結びあっている。[9] それから優秀民族の功利主義的定義というのもありうる。この場合、非白人は配分的に一以下と数えられ、白人ほど痛烈に苦しみを感じないと見なされる。[10] 規範を打ちだす理論（財産権、人間らしさと尊厳、幸福）を引きあいに出して、その根本的な価値が実際にどういうものなのかを細かく検証することが重要なのではない。理論というものはすべて、望ましい結果をもたらすよう内部でうまく調整されるものだからである。重要なのは、その理論家が人種契約を支持しているということだ。

もちろん非白人たちは、白人の心理に蔓延しているこの独特な分離の感覚に気づいている。第一の犠牲者となるのはかれらだからだ。ずいぶん前のことだが、『見えない人間』という古典的な小説のなかで、ラルフ・エリスンは名前のない黒人の語り手をとおして次のような点を指摘していた。白人たちはアメリカの黒人たちがあたかも透明人間であると思いこむような「内なる目を」独特なかたちで相互作用的に「作りあげてきた」にちがいない。要するに「わたしを見たくない」のだ。人種契約には認識論的な契約、あるいは無知の認識論も含まれる。「認識は合意の一形式である」。つまり白人たちは人種契約の諸項目によって、黒人たちが同等の人間ではないということに合意してきたのだ。物語の冒頭で、黒人の語り手にぶつかってきた白人の歩行者がその典型であり、「夢の世界に迷いこんだ」人物として描かれる。「それにしてもかれはその夢の世界を自分の力でどうすることもできなかったのだろうか——ああ、その世界があまりにも現実的すぎるのだ。わたしをそこから締めだしておかなかったのだろうか。かれがもし大声で警察を呼んだら、わたしは加害者として逮捕されていたのではないか。そうだ、そういうことなのだ!」[11]。同じくジェームズ・ボールドウィンも次のように述べている。白人至上主義によって「アメリカの白人たちは、あの現実離れした合理主義を叩き込まれたのだ。それはほとんど病理学的なものといってもいい」。あの苦しそうな無知はそこから出てくるのだ。それはかなり構造化されていて、白人にかんする問題を提起することができない仕組みになっている。「というのも、わたしが語るべきことを語っているときですら、かれらはわたしを信じようとしないからだ」。逆説的なことに、「わたしの言っていることが真実であると分かっているからこそ、かれらはわたしを信じようとしないのである」[12]。

こうして言い逃れと自己欺瞞が認識論的な規範となる。アメリカに存在する、人種にかんする「自己欺瞞の国民的ネットワーク」を浮き彫りにする際に、リチャード・ドリノンは、アフリカ人の奴隷化をめぐるモンテスキューの歪んだ観察をひとつの説明として引用している。「この手の生き物たちを人間であると思うことはできない。かれらを人間と見なしてしまうと、わたしたち自身が実はキリスト教徒ではないという疑いが生じるだろう」。かつてそこにあった社会を概念的に消し去らねばならない、これが白人入植者の国に見られる根本的なイデオロギーである。ドリノンはさらにこう言う。「[当時のある作家は]インディアンのことを独自の心理をもつ人間だと一貫して見なしていた。まさに驚天動地の出来事だったのだろう。そうやって次のような認識にいたったはずだ。つまり「自然状態」のなかにも実際は成熟した人間がいるということ、さらに自然状態とそこで大切に育まれた「市民社会」とがすでに共存していたことで、ヨーロッパ的な想像力が致命的な打撃を受けはじめていたということである」[13]。同じく、あるオーストラリア人歴史家もアボリジニーについて「国家的な規模で実践されている狂信的忘却のようなもの」が存在すると述べている[14]。実存主義的現象学の伝統のもとで執筆をつづけているルイス・ゴードンは、サルトルの思想を援用して次のように述べている。人種にもとづいて構造化された世界では、必然的に悪の信仰がはびこる。「悪の信仰をもつと、だれしも不愉快な真実から逃れて、心地よい嘘へと向かうようになる。そうやって嘘が実際は本当なのだとみずからを信じ込ませる必要が生じてくるのだ。……そういった悪の信仰のモデルにもとづいて、執拗なレイシストたちは、みずからの集団をめぐる不愉快な真実など決して認めないという選択をこれまで行なってきたのであり、いまも他者をめぐる心地よい嘘を批判的に考えようとしないのである。……これまでそういう選択を行なってきたものだから、そこのところを脅かすものにはなんであれ抵抗しようとする……レイシストが言い逃れのゲームをすればするほど、「劣等者たち」との距離が広がり、そういう言い逃れをずっとやっていなければならないような世界にいっそう没入するようになる」[15]。理想的な政治体制の場合、ひとはみずからを知り、世界を知ろうとするものだが、レイシストの世界ではそういう知識が危険なものだとされる。

これと同じようなかたちで人種契約が解き明かしてくれるのは、非白人に対するヨーロッパ人の残虐行為にかんする驚くべき実際の歴史的記録である。それは量的にも質的にも、数字の点でも、目を蔽いたくなるような細部についても、民族的／人種的に動機づけられた大量殺戮を、ほかのタイプのものとひとまとめにして矮小化する。スペインの植民地主義をめぐる黒い伝説《レイエンダ・ネグラ》〔スペインを悪の存在として批判する言説のこと〕などは、スペイン人だけを不当に選び出している点で中傷的なのだ。というのも植民地主義は、スペインを妬む競争者たち、すなわちオランダ人、フランス人、イギリス人によってその後模倣されることになり、それぞれの伝説を生みだすことになるからである。大量殺戮と伝染病によって南北アメリカ大陸における原住民の九五パーセントが命を奪われた。先に述べたように、これは最近になって学者たちが検証しなおした結果であって、それによって征服前の推定人口が劇的に増えたのである。およそ一億人が犠牲になったのであり、これは人類の歴史のなかでほかに類を見ない最大の大量虐殺として位置づけられるだろう[16]。人種契約の別の段階に暮らすいまの世代にとってはいくらか戸惑いを覚えるだろうが、かつては次のような恥ずべきスローガンがあった。「シラミの卵をつぶせ。そうすればこれ以上シラミに悩まされることはない」。これはウィスコンシンのバッド・アックスの大虐殺において、アメリカ人騎兵のジョン・ハウスがソーク族の幼児を射殺する際に告げた言葉である[17]。ほかにも「最良のインディアンは死んだインディアンだけだ」といった言葉がある。アフリカの奴隷制はスローモーションで展開されるホロコーストであって、現在の推定では、アフリカ大陸、中間航路、「選別」過程において三〇〇〇万人から六〇〇〇万人の命が奪われたと言われている。南北アメリカ両大陸において奴隷として衰弱したり、命が奪われたりする前のことである[18]。こういったことがなんの咎めもなく平然と認められていたのであり、有害な「獣《ヴァーミント》」や「生き物《クリッター》」を領土から取り除く必要性があるからといって、アメリカではインディアンを、オーストラリアではアボリジニーを、南アフリカではブッシュマンを無差別に殺害したのだ。原住民が蜂起したあとは、ヨーロッパの宗主国による大規模な懲罰的報復があった。植民地経済における強制労働が直接的・間接的にもたらした死者数は、ベルギー領コンゴの場合だけでも数百万人（もともとの推定によると一〇〇〇万人）におよぶ。これはレオポルド二世がゴムを手に入れようとしたからだ。とはいえ、奇妙なことに「闇の奥」〔ジョゼフ・コンラッドの小説『闇の奥』（一八九九年）を示唆〕の出来事はヨーロッパ人の蛮行ではなくコンゴ人のせいにされている[19]。非白人の身体が利用される場合もある。比喩的な意味だけではなくて（黒人の肉体は奴隷制プランテーションで消費され、ヨーロッパに資本をもたらしたと言える）、実用的な道具として、あるいは戦利品として、文字どおり利用されたのだ。実用的な道具として、ネイティヴ・アメリカンは皮を剥がれ、馬の手綱にされることもあった（その一例がアメリカ大統領アンドリュー・ジャクソンである)。[20] タスマニア人たちは殺されて犬の餌にされた。[21] 第二次世界大戦では、ユダヤ人の髪でクッションが作られ、(あまり知られていないが)日本人の骨でレターオープナーを作ったアメリカ人もいた。戦利品としては、インディアンの頭皮、ヴェトナム人の耳、日本人の耳、金歯、頭骨などがすべて集められた(日本人の頭骨が米軍の自動車のボンネットの装飾として用いられている写真が『ライフ』誌に掲載されているし、ガールフレンドへのプレゼントとして頭骨を自宅に送る兵士もいた)。[22] ここにさらに次のような事実を付け加えておこう。チェーザレ・ベッカリーア〔イタリアの思想家、法学者。一七三八~一七九四年〕らの支援のもとで刑罰の改革が進んだことで、ヨーロッパでは一八世紀末までには多かれ少なかれ拷問が撤廃された。一方、植民地や奴隷制プランテーションでは拷問が日常的に行われていた——むち打ち、去勢、切断、弱火で炙られ、砂糖を塗られて首まで埋められて昆虫の餌にされたり、火薬を詰められ爆破されたり、といったことである。[23] さらに次のような事実もある。アメリカでは、中世における宗教裁判所の死刑宣告《アウト・デ・フェ》の伝統、つまり公開火刑が二〇世紀になっても残っていて、ときには何千人もの見物人がこの祭りの場に集まった。南部ではバーベキューもあって、ピクニックバスケットをもってくる者もいたし、子どもたちを連れてくる者もいた。その後、遺骨をめぐる争いがあり、だれが足の指を手に入れるのか、関節の骨をだれが手に入れるのかをみんな見ていた。そうして解散したあとは、祝いを兼ねた午後のダンスパーティに向かうのである。[24] さらに次のような事実もある。ヨーロッパ内部の争いを少なくとも理論的に規制する戦争の原則が非ヨーロッパ人に対しては放棄され、あるいは無効とされ、例えば、キリスト教徒に対する石弓《クロスボウ》の使用はローマ教皇の勅令によって当初禁じられていたが、イスラム教徒に対しての使用は許された。ダムダム弾（ホローポイント弾）はもともとヨーロッパ内部での使用が禁止されていたのだが、植民地戦争ではそれが使用された[25]。たいていの場合、槍だけで、あるいは古い型の銃器で武装したアフリカ人たちを屈服させる過程で機関銃が持ち出されたのであり、例えば一八九八年、オムダーマンでスーダン人を相手にイギリス人が栄えある勝利を収めたとき、黒人兵士の死者は一万一〇〇〇人、それに対してイギリス人兵士の死者は四八人だった。これは遠距離からの殺戮で、スーダン人は「イギリス軍の拠点から三〇〇ヤードのところまでしか接近できなかった」[26]。原子爆弾は一度ならず二度も黄色人種の市民たちに対して使用された。軍事的な必要性があるのかどうかと話しあっているときにである（東京裁判における反対意見のなかで、ラダビノード・パール判事が連合軍の首脳たちも日本人とともに裁かれるべきだったと述べたのはそのためである[27]）。ヨーロッパの強制収容所やゲットーで命を奪われた六〇〇万人のユダヤ人、さらにその場所で同じく命を奪われた数百万人のほかの「劣等」民族（ロマ人、スラヴ人）についても触れておこう。かれらは東部戦線の虐殺部隊《アインザッツグルッペン》によって殺害されたのである。ナチスによる人種契約の書き換えによって、かれらもまた非白人であるとされたのだ[28]。二〇世紀のアルジェリアにおける植民地／新植民地戦争、ある意味で人種戦争ともいえるこの戦争には、決して罰せられることのないレイプ、拷問、虐殺のパターンがある（この戦争のあいだに、およそ一〇〇万人のアルジェリア人、あるいはこの国の人口の十分の一が亡くなった）。そしてヴェトナムだ。ヴェトナムについては次の事実が物語ってくれている。ヴェトナムにおける戦争犯罪で有罪判決を受けたアメリカ人はウィリアム・カリー中尉ただひとりであり、かれは女性や子ども、老人（供述書にあるように、もっと慎重に限定して「東洋人たち」）を五〇〇人殺害せよと命じたために無期重労働刑に処された。ところが、かれの判決は大統領の介入によって、フォートベニングにあるかれの単身者用アパートでの「自宅軟禁」へと即座に減刑され、そこに三年間とどまったあと、仮釈放となった。当時、かれはこの騒動に少し戸惑っていた。おそらくいまでもそうだろう。カリー中尉を診察した軍の精神科医によると、こういうことだ。「かれは人間を殺害したような感じではありませんでした。ヴェトナム人のことを動物だと思っていたのです。話すことができず、論理的に説得することができない動物だと(29)」。

以上のような残虐行為はほかにもたくさんあるので、ここにすべてを列挙するわけにはいかないが、とにかくすべての人間的生の無限的価値というあのカントの理念的規範は、白人の生のほうがはるかに価値があるという実際の（人種契約の）規範に見合うようなかたちで書き換えられなければならない。白人の死と非白人の死、白人の苦しみと非白人の苦しみ、それぞれに対してまったく異なる怒りの感情が結果的にあらわれてくるのだから、その規範を書き換える必要があるのだ。過去を振り返って（あるいはただまわりを見渡して）、「とはいえ、どうやってそんなことができるのか」と問いたくなるのだが、それに対する答えはこうだ。いったんある種の社会的存在論が確立されれば、そんなことは簡単にできるのだ、と。社会契約を文字どおり理解して、そこに含まれる道徳性をひとつの規範として当たり前のように受け入れているから、戸惑ったり、うろたえたりするのである。まず人種契約からはじめること。そうすれば謎は解決する。人種契約によって白人の道徳心理が透けて見えてくるのだ。歴史的な記録をじっくり調べて、いつまでも「驚いている」わけにはいかない。それもまた人種契約によって規定されている心理的からくりだからである。（人種契約の理論はシニカルなものではない。シニシズムは実際のところ理論的な破綻を意味するのであって、それはつまり絶望して降参すること、さらには人類堕落以前の人間に対して謎めいた憧れを抱いて、世界を理解し人間の悪を理解しようとするプロジェクトをやめてしまうことを意味するのだ。「人種契約」論はひとえに現実的なのである。怖がらずに事実に目をむけ、ここからはじめれば、そこにたどり着くということを説明するものなのである。）

同様に「人種契約」論によって、ユダヤ人のホロコースト――これを唯一のホロコーストとすると誤解を招く――が理解可能なものになる。「人種契約」論は、ホロコーストを不透明で認識しにくいもの、不可解で独特なものと捉える立場から距離を置く。また人種差別的な側面をあまり重視せず、それをドイツ・ファシズムの無差別テロと一緒くたにして考えるような立場からも距離を置く。第三世界の暗い見通しのことを考えると、アーノ・マイヤーの著作のタイトルである『なぜ天はかき曇らなかったのか』という問いからは、風土的なヨーロッパ中心主義が透けて見えてくる。青空はヨーロッパにだけ微笑みかけるという認識がそこにはない。かれが引き合いに出す影響力の強い見解（かれ自身のものではないが）は典型的なものだ。「一見したところ、第二次世界大戦のときにユダヤ人に降りかかった大惨事は当時としては独特なもので、歴史的にも前例のないものだった。ユダヤ人の迫害は、これまで人間が体験してきたほかのすべてのことを完全に超越するほど規模が大きく、残虐なものであった、と信じるだけの確かな根拠がある。そしてもしそれが事実であるとするなら、ユダヤ人たちが強制されたことを歴史的に再構築することなどできないだろうし、解釈することも、ましてや理解することもできないだろう」(30)。しかし、ここには史実に対する白人の驚くべき健忘症があらわれている。「アウシュヴィッツのあとでどうして詩が書けようか」〔アドルノの表現〕という唾棄すべき問いは、非白人による困惑ぎみの応答を引き起こす。つまり、アウシュヴィッツのまえにどうして詩はありえたのか、アメリカ、アフリカ、アジアにおける大虐殺のあとでどうして詩はありえたのか、と。ネイティヴ・アメリカ、ブラック・アフリカ、植民地アジアといった立場にある者は、ヨーロッパの文明がヨーロッパの外での野蛮行為によってもたらされたものだということにずっと気づいていたのである。ユダヤ人のホロコースト（マイヤーの言う「ユダヤ人殺し《ジュデオサイド》」）は青天の霹靂などでは決してない。西洋が発展するなかで突如あらわれた理解不能な例外《アノマリー》などではないのだ。唯一独特な点は、人種契約をヨーロッパ人に対して適用していることである。わたしがこういうことを言うのは、ユダヤ人のホロコーストのあの恐怖を過小評価するためでは決してない。ナチスの統治は決して特異なものではなく、二〇世紀半ばの先進的工業社会が可能にした手段よりも効率は悪かったが、むしろヨーロッパが非ヨーロッパ圏で数百年にもわたって展開してきたほかの統治体制と概念上は同一のものであることを立証するためである。

　冷戦の時代がはじまろうとしていたころ、「ブローバック」という言葉をアメリカのスパイが専門用語として使っていた。「外国での極秘任務、とくに暗殺や政権の転覆といった「黒い」作戦（と呼ばれていた）が国内にもたらす予想外の――負の――結果」を意味する語である。[31] ヨーロッパによる征服、入植、奴隷制、植民地主義といった外国での（白人の）行動がもたらした「ブローバック」を確認するための事例をここでひとつ確認しておこう。こういった外国での行動がヨーロッパ人の近代的な精神のなかに人種差別的な倫理を深く植えつけたわけだが、この倫理が昔ながらの反ユダヤ主義と結びあい、結果的にブーメランのようにヨーロッパにかえってきて、ユダヤ人のホロコーストを助長したというわけである。四〇年前、エメ・セゼールがかれの古典的論争の書である『植民地主義論』において、ナチズムに対するヨーロッパ人の「怒り」にはそれとなく二重基準《ダブルスタンダード》が見られると指摘していた。「たしかに問題はナチズムだ。ただし……「ヨーロッパ人たち」は、自分たちがその犠牲になるまえは共犯者だったのだ。自分たちにそれが降りかかってくるまえは、あのナチズムを許容していたのである。それに罪はないと言っていたし、黙認していたし、正当化していたのだ。当時はまだそれが適用されるのは非ヨーロッパのひとびとに限られていたからである。……「ヒトラーの犯罪は」それまでもっぱらアルジェリアのアラブ人たちやインドの労働者たち、アフリカの黒人たちに行使されていた植民地主義的なやり方をヨーロッパで用いたということにあるのだ」[32]。人種契約がもたらしたものを弾劾するときですら、人種契約は本当に不気味なアイロニーをともないながら立ち現れてくる。ヨーロッパ人を人種差別的に大量虐殺することは、非ヨーロッパ人を人種差別的に大量虐殺することとは別の道徳的地平にあるというわけだ。同じくキーナンが論じているように、レオポルド王のコンゴは「先行して同じ影を投げかけていたのであり、それがやがてヨーロッパ内部のヒトラー帝国へと変貌することになったのである。……ほかの大陸を隷属させているあいだに身についた態度が、いまや本国において再生産されたというわけである」[33]。人種問題を取り払ったかたちのファシズムのもとに強制収容所を包摂するのではなく、このような解釈の枠組みをもうけることによって、ユダヤ人を非白人として隷属人間化することとの人種差別的な次元とその成り立ちが、事態を解き明かすうえできわめて重要になってくる。先に述べたように、ユダヤ人たちが当時、「非白人」ではなく、基本的には「くすんだ白」と見なされ、人間集団のなかに同化させられていたのなら、ナチスは、渋々ではあったがすでに承認済みの集団を白人クラブから追放し、（それまでは）非白人に対してのみなされるべきだと想定されていたことをヨーロッパ人（かなり境界線上の存在ではあったが）に対して行なうことによって、グローバルな人種契約にローカルなレヴェルで違反したとも言えるだろう。

こういったことについてヨーロッパ人たちが書いた戦後の著作は、ヨーロッパでも北アメリカでも、一般に人種差別とファシズムの概念的な結びつきを妨げようとしていた。そういった著作はナチスの政策を実際よりも常軌を逸したものとして表象していた。例えば歴史家論争《ヒストリカシュトライト》におけるユダヤ人ホロコーストの特異性をめぐる議論がそうである。そこでは、ヨーロッパ帝国主義の暗い歴史的記録のことは忘れ去られてしまっている。ロバート・ハリスのあのぞっとするような一九九二年の小説『ファーザーランド』は、別世界を描いたSF小説の古典であり、そこではナチスが第二次世界大戦に勝利し、ユダヤ人虐殺にかんする記録を消去し、断片的な証拠しか残っていないという未来が描かれる。[34]とはいえ、ある意味でわたしたちは、人種差別的な虐殺を行なった征服者たちが実際に勝利し、それに伴うかたちで記録を再構成したり、ごまかしたりしている世界、別世界でもなんでもない現実の世界に生きている。ホロコーストの否定やホロコーストに対する弁明はポスト一九四五年の時代よりもずっと前から存在しているのである。それは、一五四二年、ラス・カサスが『インディアスの破壊』において暴露したことに対する当初の反応にまで遡ることができる。[35] 例外はほとんどない状況だが、最近になってようやく歴史を検証しなおす白人の史学研究が、遅ればせながらこのような非白人を組み込んだ概念形成に追いつきはじめた。コロンビア征服にかんするデイヴィッド・スタナードの著作

『アメリカのホロコースト』のタイトル、さらに五〇〇周年〔コロンブスの西インド諸島到達から五〇〇年後の一九九二年。二五頁も参照〕を見すえてドイツで刊行されたアンソロジーのタイトル『五〇〇年帝国』(ノーム・チョムスキーの著作『五〇一年』でも引きあいにだされている)がまさにそのことを物語っており、さらに最近英語に翻訳されたスウェーデンの作家スヴェン・リンドクヴィストの『すべての野蛮人を殲滅せよ』では、コンラッドのクルツ〔『闇の奥』の主人公〕のあの有名な禁止命令がナチスの行為と明確に結びつけられている。この作家は言う。「これまでずっとヨーロッパによる世界征服の土台となっていた人種根絶政策を最新技術をもって大規模に応用したもの、それがアウシュヴィッツだった。……闇の奥でなされてきたことがヨーロッパの奥で繰り返されたとき、だれもそれに気づかなかった。だれもが知っていることをだれも認めようとしなかったのだ。……知識が欠けていたわけではない。知っていることを理解し、結論を引きだす勇気が欠けていたのである[36]」。

こういった議論は間違いなく今後も何十年と続くことになるだろう。結びの言葉として、あの有名な「道徳と政治の理論家」アドルフ・ヒトラーの見解に触れておいても悪くはないだろう(この問題について言及する価値のある男だということはたしかだ)。一九三二年の演説のなかで、かれは先を見すえて「ヨーロッパによる人種差別的な支配の長い歩みのなかに、みずからの生存圏《レーベンスラウム》構想を明確に位置づけていた[37]」。おそらく警戒心が強かったと思われる聴衆に対してかれが説明しているように、「白人が世界のほかの地域に対して経済的に特権化された優位性を持っているということ」を理解するためには、そのことを、「何世紀にもわたってひとつの自然現象として白色人種に特有のものとされ、また外の世界に対してもそういうものとして掲げられてきた覇権という政治的概念」に関連づける必要がある。

インドを例に考えてみよ。英国は合法的で正当なやり方でインドを獲得したわけではなかった。現地人の願いや考え方、権利の宣言など気にもとめなかったのだ。……コルテスやピサロとまったく同じなのである。コルテスもピサロも、いかなる法的要求にも従わずに中央アメリカや南アメリカの北部諸州を手に入れようとした。白色人種は優れているという、生まれながらの絶対的な感情からそうしたのだ。北アメリカ大陸の植民地事業もまた、民主主義的な意味でも、国際的な意味でも、より高等な要請があって生じたものではなく、白色人種が一等優れていて正しいのだという確信だけを根拠とする正しさの意識によってもたらされたものなのだ。

つまりヒトラーの計画は、この刺激的な西洋の伝統、この人種差別的な「支配する権利」、白色人種のために「世界を征服してきたのだというこの考え方」をただ支持するものだった。「こういった政治的な見解から、世界のほかの地域を経済的に征服する地盤ができあがってきた」というわけである。[38] 言い換えるなら、ヒトラーはみずからの同朋たるヨーロッパ人たちが異国の地で長きにわたって行なってきたことを本国でも行なっているにすぎないと思っていたのだ。

最後に、人種契約の理論は、見た目だけで、あるいは人種的に分類されたものとしての白人と、白人至上主義に依拠する政治経済体制としての白人とを切り離すことで、この契約を白人が破棄するための理論的空間を用意する。(そうすることで「白くなること」と「白人になること」とを分けて考えることができるようになるだろう。）

社会契約とは対照的な興味深い点がここにはある。社会はひとつの「契約」にもとづくものだという考えに対して当初巻き起こった明確な反対的立場は、たとえ契約がすでに存在していたとしても、のちの世代の者たちはそれに署名していないのだからその契約に縛られることはないだろう、というものである。契約論者たちはこれまでさまざまなやり方でこの問題を回避しようとしてきた。もっともよく知られているのが「暗黙の了解」[39]というロックの考え方である。もしあなたがひとりの成人として、自分が生まれた国にとどまり、その恩恵を受けようと思うのなら、それは「暗黙のうちに」その国の政府に従い、契約に束縛されることを認めたことになる、という発想である。よく知られているように、デイヴィッド・ヒュームはこういった主張を厳しく批判している。かれが言うには、暗黙の了解という発想は中身が空っぽで、実際はかつて存在した自然状態へと身を引くこともできないし、特別な技術をなにも身につけておらず、母語以外の言語を使えないという場合は、よそへ移住することもできない[40]。つまり現実的な選択肢がほかにないからこそ、そこにとどまるのである。

しかし人種契約の場合、話は異なるのであって、白人には、難しい選択とはいえ、現実的な選択肢がある。人種契約や白人の統治体制が一般的にもつ不平等性を拒否するために、国を去る必要はない。ただ声をあげ、人種契約の諸項目に反対する行動をとればいい。この場合、当人がその政治体制の正当性に「同意している」ということを道徳的／政治的に理解し、さらには事実上「契約」への署名者になっていると結論づけること——さらに当人に責任があるかどうかを判断すること、これが必要なのである。疑いもせずに「現状を受け入れ」、白人の特権をすべて容認し、白人至上主義体制のもとで必然的に共犯者となること、これはすなわち白人に同意している証なのだ。

実際、賞賛に値する白人たち——反植民地主義論者、奴隷制廃止論者、反帝国主義論者、公民権運動の活動家、反アパルトヘイトの活動家——はつねに存在した。かれらは白人至上主義的な政治体制が存在することに気づいていたし、その不道徳性をも認識していた。そういう政治体制が正当化されていることに異議を唱え、可能なかぎり人種契約をはねつけた（もちろん、かれらは肌の色で自動的に特権化されつづけるので、被抑圧者との一体感はたいてい部分的なものにとどまる）。白人の裏切り者、クー・クラックス・クランの言葉で言うなら人種の反逆者（ここでいう「人種」が白人を指すかぎり、意味は明確である）(41)、植民地で「土着化した」探検家、黄色い悪——黄色の病（「インドシナの風景やひとびとと、文化に愛着を抱く」危険な病気(42)）——に罹った仏領インドシナの兵士、黒人、インディアン、あるいはユダヤ人の愛人といったものは道徳的／政治的に興味深い現象である。かれらはひとりひとり、都市国家《ポリス》の定義を拡大して——「白人を裏切るということは人類に対して誠実であるということだ(43)」——、白人の統治体制にそむいている。こうしてかれらは「アメリカの裏切り者、国と文明に対する反逆者」、「白いインディアン」になり、「これほど卑劣なことはない(44)」とされるのである。こういった言葉が使われる場合、なにが道徳的であるのかは人種主義によってすでに色づけされている。こういう言葉からも明らかなように、本当に色の区別がない倫理を実践するには、優秀民族《ヘレンフォルク》としての立場とそれに付随する倫理的な認識論を拒否しなければならない。そのいずれも手放そうとしない人種主義体制の支持者や白人の署名者たちから、倫理にかんするもっともらしい罵りを引きださねばならないのだ。

もちろん、関与と犠牲のレベルはひとによって異なる。人種契約の隠れた真実を暴露する者もいる——ラス・カサス『インディアスの破壊』、奴隷制廃止論者の文学、フランスの作家レナール神父による黒人奴隷革命の呼びかけ、反帝国主義連盟のためにマーク・トウェインが書いたもの（チョムスキーがコメントしているように、かれの伝記作家たちはこれを恥だといって一般的には伏せる）[45]、フランスの植民地戦争に対するサルトルとシモーヌ・ド・ボーヴォワールによる筋のとおった反対記事など。犠牲者を救出しようと試みた者もいる——地下鉄道〔一九世紀アメリカの黒人奴隷が奴隷制の廃止されている北部へと逃れることを支援した組織あるいはその逃走路のこと〕、先住民保護協会〔一八三七年設立の国際人権団体〕、オスカー・シンドラーによるユダヤ人保護、「一九四六年、ピルバラで先住民たちがはじめてストライキを行なった際に尽力し、名誉アボリジニーとして認められたオーストラリアの白人男性」[46]であるドン・マクラウド、アメリカ人のヘリコプター操縦士ヒュー・トンプソン。かれは仲間の兵士たちに対して、ミライ集落のヴェトナム人市民たちを虐殺しつづけるなら発砲すると脅したのである[47]。この闘いに文字どおり命を捧げた者もいる——革命的な白人アメリカ人奴隷制廃止論者ジョン・ブラウン、アパルトヘイトを廃止しようと試みて命を失ったアフリカ民族会議の白人メンバーたち。かれらが存在したという事実だけで、なにが可能だったかが分かるだろう。これによって、逆に白人至上主義を受け入れようとした仲間の白人たちの行動が浮き彫りになり、道徳的な判断が下されることになるのだ。

人種契約こそが白人の道徳的／政治的慣習の真の決定要因であり、今後批判されるべき真の道徳的／政治的合意であると非白人たちはこれまでずっと気づいていた。

人種契約の署名者あるいはその主体の認識論が、人種のさまざまな現実を回避し、また否定することを求めるものであるとするなら、人種契約の犠牲者あるいはその客体の認識論は、当然ながらそういった現実そのものに着目することになる。（人種契約は白人の道徳的／政治的意識を追跡する。人種契約に対する白人の反作用が、非白人の道徳的／政治的意識を追跡し、白人の道徳的／政治的意識をめぐる複雑な調査を促すことになる。そこにはある種の相関が見られる。）「立場《スタンドポイント》理論」という用語は、抑圧のシステムを理解する際に、下から上への視点のほうが上から下への視点よりも正確な場合が多いという考え方を示すものとして、いまでは当たり前のように用いられている。ここで関わってくるのは、立場理論の「人種」バージョンである。つまり公的な（白人の）現実と実際の（非白人の）体験とのあいだの乖離を現象学的に経験することによって得られる認識上の有利な観点、W・E・B・デュボイスの言う「二重意識」のことだ。[48] このような差別的な人種体験があることで、〔非白人は〕道徳的にも政治的にも社会の実相をオルタナティヴなかたちで認識することができるようになる。このことは本書のエピグラフとして用いた黒人アメリカ人の民間伝承のあの知見のなかにもあらわれている。人種契約を一言であらわすなら、「白人が「公平さ《ジャスティス》」っていうときは、「自分たちだけ《ジャスト・アス》にとって公平」という意味だ」ということ、これが重要な認識となるのだ。

白人たちには人種契約が見えていないということ、つまりいま目にしている世界が本当のところは自分たちだけに限定されたものだと明らかに分かっている場合でも、白人たちは決まって普遍主義的な言葉を用いてきたという事実、このことに非白人たちはこれまでずっと（少なくともそういう白人に遭遇したときには）戸惑いを覚え、また呆気にとられてきた。人種契約に対して物質的にも心理的にもなんら定まった関心をもっていない非白人たち——人種契約を内側というより外側から眺めていて、契約の主体というより客体、人間というより隷属人間——は、（少なくともイデオロギー的に条件づけられるまでは）そういった言葉をかなり明確に捉えることができる。人種差別的な統治体制の偽善性は、その犠牲者がもっともよく知っている。白人の道徳理論や政治理論に対する非白人の関心は、道徳や政治をめぐって競合しあう数々の候補（功利主義か義務論か自然権理論か、自由主義か保守主義か社会主義か）に向けられるよりも、むしろそういったものを機能させるための枠組みとなってきた人種契約、まだ認知されていない人種契約に向けられる。これは当然の帰結なのである。非白人の運命をもっとも左右する要因は、さまざまな理論がそれじたい精緻《せいち》なものなのか否かといった概念上の相違ではなく（こういったものにはすべて優秀民族《ヘレンフォルク》の変異体が存在する）、人種契約を発動させる項目、その理論を優秀民族的なモードに移行させる項目が、これまで作動したかどうかという点なのである。要するに、道徳理論の詳細よりも、そういった理論が組み込まれているメタ理論としての人種契約のほうが重要になってきているということだ。ここで問わなければならないのは、非白人たちが完全な人間として、つまり道徳が全面的に機能している人口の一部としてカウントされているかどうかということである。

ひとたび人種契約の現実が認められたなら、非白人の道徳的・政治的思考が人種の問題にこだわることの理由、また無色の原子的個人にもとづく白人の自由主義に戸惑いを覚えることの理由を簡単に説明できるようになる。ここで問題になるのは、昔からヨーロッパにある国家主義のたんなる変異体（ときにはそこに取り込まれる）でもなければ、異国の仮想空間で（ポストモダニズムが想定する相互に曖昧な言語ゲームと同じように）展開される謎めいた政治的企てでもない。白人による正統的な道徳／政治哲学と非白人による非正統的な道徳／政治哲学の両方が展開されている統一的な概念空間は、（現実の）人種契約と同じ平面に（神話的な）社会契約を位置づける空間であって、「人種」を、相互に通約でき、相互に理解できる人間らしい言語に翻訳することで成り立っている。そうすることでこういった空間が連続的なもので、実際にひとつになっているということを示すのだ。それは別の概念宇宙というよりも、いま存在しているひとつの宇宙に暗黒物質《ダーク・マター》があると認めることなのである。人間らしさを当然のものと考えるひともいれば、それを（さらにそれにともなうすべてのことを）闘って勝ち取らなければならないものと考えるひともいる。したがって、よりよい社会の実現を目指す人間全般の政治的プロジェクトには、非白人のための別ルートが必要なのである。

　非白人たちの道徳／政治理論や実際の闘争は、おもに人種をめぐるものになることが多く、人間と隷属人間の特徴、さらには人種差別的な政治体制のなかにいるのか、そうでないのかといったことに集中することが多いのだが、それはたんなる偶然ではない。わたしがこれまで敷衍してきた契約論者たちの形式的な道具では、それをはっきりさせることができない。ただ言えるのは、人間と隷属人間とに分けるというこの決定的に重要な発想が、道徳規範（優秀民族《ヘレンフォルク》の倫理）を人種差別的に構造化してきたのであり、したがってそういう政治体制がもつ白人至上主義的な特徴は、ネイティヴ・アメリカンやブラック・アメリカンの思想、第三世界や第四世界の反植民地主義的な思想のどこにでも、なんらかのかたちで見いだすことができる、ということである。

シッティング・ブル〔ネイティヴ・アメリカンのスー族の戦士・呪術師〕は次のように問う。「白人たちが守っている盟約をインディアン《レッド・マン》が破ったことなどあったか。ひとつもない。かつて白人たちがわれわれと結んだ盟約で、かれらが守ったものはあったか。ひとつもない。わたしが子どものころ、スー族がこの世界を所有していたのだ。この土地に日が昇り、日が沈んだのである。……われわれの土地はどこへいった。だれのものになったのか。白人が言うように、わたしがかれの土地を盗み、かれの金をくすねたのか。ちがう。しかし、かれらはわたしが盗人だと言うのだ……わたしがどのような法を犯したと言うのか。自分のものを愛することが間違いだとでも言うのか。わたしの肌が赤いからというだけで、それが邪悪なことになるのか」。ウォード・チャーチルもまたネイティヴ・アメリカンだが、かれはヨーロッパ人入植者たちのことを自分たちが「支配民族」だと勝手に考えているひとたちというふうに特徴づけている。デイヴィッド・ウォーカーが異議を唱えているのは、白人たちは黒人が「人間の種族に属さないもの」と考えており、「わたしたち〔黒人〕が人間であるということを自分たちでかれら〔白人〕に証明する」よう強制するということだ。W・E・B・デュボイスは黒人のことを「第三のもの」、つまり「人間と家畜のあいだにあるなにか」と表現したうえで、「自由、公平さ、権利」といったものは「白人のためだけに」強調されるのだと述べ、「「わたしは白人です」と述べること」が「わたしたちの日常的な道徳規範に欠かせないひとつの原則」となりつつあると論じている。さらにリチャード・ライトは「いまも生きているジム・クロウの倫理」を分析している。マーカス・

ガーヴェイは黒人のことを「尊重されることのない人種」だと結論づけている。ジャワハルラール・ネルーが言うには、インドにおけるイギリスの政策は「優秀民族《ヘレンフォルク》や支配民族の政策」なのである。また、マーティン・ルーサー・キング・ジュニアは「「存在の否定」という厄介な感覚とずっと闘いつづける」心のあり方について述べている。アメリカは「われわれから市民としての権利を奪っただけではない。人間としての権利をも奪ったのだ。男として、女として認められ、尊敬される権利を奪ったのである。……われわれは人間として認められることを求めて闘っているのだ」とマルコムXは言う。フランツ・ファノンは、「支配民族」と「動物的な」原住民という「異なる二つの種族」に分断された植民地世界を地図化する。「植民者はみずからの良心を消し去るために、ほかの人間を動物と見なす習慣を身につける……植民地化とはすなわち「物化」なのである」とエメ・セゼールは言う。ブリスベンで開催されたイギリス連邦競技大会における一九八二年の抗議声明で、オーストラリアのアボリジニーたちは次のような点を指摘している。「白人の侵略があってからというもの……われわれの人間性は傷つけられ、われわれの歴史は見知らぬ者たちによって歪められている。……世界をまえにして、われわれは白人オーストラリア（そしてその母国たるイギリス）を告発する。かれらは人間性と地球に対して罪を犯したのだ。この二世紀にわたる植民地化がわれわれの告発を裏づけている。これからわれわれは、自分たちの人間性と自分たちの土地の所有権を再度認めることを要求する」と。[49]こういった経験のすべてが道徳的に共有しているものは、人種主義的な隷属という現実であり、白人の倫理的な言説において標準的に精査される地勢図とは別の道徳的地勢図がそこから必然的に生じてきたのである。

それと同時に、政治体制は、その人種差別的な関係において、白人によって支配されたものと考えられるようになり、植民地が本格的に統治される時代になって、そのような見方がグローバルなものになっていったのである。政治理論はある意味でだれが主役なのかを考察するものだが、そのような未承認の政治体制の場合、主役は古典的な自由主義思想にみられる原子的個人でもなければ、マルクス主義理論の言う階級でもない。人種が主役となるのだ。現地の、そして植民地のさまざまな民族が人種的な結束――汎インディアン主義、汎アフリカ主義、汎アラブ主義、汎アジア主義、汎イスラム主義――を固めようとしてきた(規模が小さすぎたり、遅すぎたりして、うまくいかない場合が多いのだが)。こういった試みは、すでに完成している白人の団結、すなわち人種契約の諸項目によって形式化され、取りまとめられた汎ヨーロッパ主義への応答として生じてきたものである。

グローバルな白人至上主義が法によって定められていた時代、つまり植民地主義と奴隷制の時代において、このような団結は白人たちにもはっきりと認識されていた。スコットランド人のロバート・ノックスは『さまざまな人種のひとびと』(一八五〇年)のなかで「人種がすべてである。これは紛れもない事実だ」[50]と述べたうえで、隷属人種に対する民族闘争、民族戦争の必要性を訴える理論を明白に打ちだしている。ダーウィンの著作に触発されて希望を抱いたひとびともいた。南北アメリカ大陸やタスマニアでは、神の摂理のもとですでに生じているように、自然淘汰によって(おそらくそれを支持する者たちからの後押しもあって)いま生き残っている劣等民族はいずれ淘汰され、地球全体が白人入植者のために一掃されることになるだろうという希望である[51]。そうなるともはや天空だけが制約ということになる。いや、実際は天空すら制約ではない。そこにはつねに太陽系が存在していたのである。セシル・ローズは、英国のために「諸惑星をも併合する」ことができると夢見ていた。「宇宙があるかぎり、希望はある」と。[52]

とはいえ残念ながらこの立派な夢が実現されることはなかった。どれだけ煽られようとも、非白人たちがそれほど早く死に絶えることはなかった。そのため白人たちは、根強く増えつづける原住民たちに対して植民地支配というかたちで妥協せざるをえなかった。もちろん、その一方で自治という反乱的で反体制的な発想に警戒の目を向けつづけなければならなかった。ヨーロッパ人の、さらにはヨーロッパに根づいた想像力が取り憑かれている多色の禍——赤（つまりネイティヴ・アメリカン）、黒、黄——に目を向けてみるがいい。キーナンが述べているように、「ヨーロッパは人種あるいは肌の色によってみずからのアイデンティティを構想し、そうしてみずから黄禍や黒禍に対する恐怖に悩まされてきたのである。これを白禍のブーメラン効果と呼んでもいいだろう。ほかの大陸はこの白禍にもっとはっきりとしたかたちで苦しめられてきたのだ」[53]。政治的な枠組みの根底には次のような発想が明らかにある。人種的な関係から引き起こされる数々の暴動に対して、グローバルな白人至上主義を維持すること、白人たちはどこにいようともこのことにみな関心を持っている、ということだ。前世紀の転換期に、ヨーロッパ人たちは中国の「兵蟻」でいっぱいになった「巨大な蟻塚」を懸念していたし、また「黒人の軍勢に対しても同様の恐怖が漂っていた」。「黒いナポレオンたち」が復讐のための民族戦争を引き起こす恐れがあるというわけである。[54]

戦略的に国益を守ろうとして足並みが揃わなかったケースもあったが、白人たちは団結して、奴隷の反乱や植民地における暴動を鎮圧し、かれらを孤立させた。例えば、歴史上、唯一成功した奴隷革命であるハイチのボイコット運動（今日、ハイチが西半球でもっとも貧しい国になっているのは偶然ではない）、中国における義和団の乱（一八九九〜一九〇〇年）に対する共同介入、一九〇五年、ロシアに対する日本の勝利によって引き起こされた懸念などが挙げられる。このような白人たちの行動には一般的に国際的な人種的連帯が見られた。二〇世紀初頭になってもまだ『大いなる民族の死』や『白人の世界的支配権に対する有色人種の台頭』といった不安を煽るようなタイトルの書籍が出版されていた。[55] ヨーロッパの内部にも差別や衝突が現実の問題としてあったが、非白人の脅威を目の前にすると、そういったものはすぐさま保留されることになった。「ヨーロッパ人たちも競合関係にあるうちは、きつい言葉を交わし、ときには罵りあったりもして、非ヨーロッパ人たちを喜ばせていた……とはいうものの、植民地でなにか深刻な暴動が発生したときは、白人たちが同族意識をもつようになり、ヨーロッパがひとつになった。……とりわけ顕著なことは、たがいの要求をめぐって幾多の危機があったにもかかわらず、アメリカ独立戦争以降、白人たちは白人どうしの植民地戦争を一度たりとも起こさなかったということである[56]」。

しかし二〇世紀、第一次世界大戦の勃発とともに、こういった団結も終わることになる。第一次世界大戦はいわば植民地の所有権をめぐって争われた帝国どうしの戦争だった。非白人たちもそれを煽り、それぞれ母国の軍隊に従軍したにもかかわらず（大半が前線の兵士だった）、戦後の調停によって脱植民地化が進んだわけではなく、宗主国どうしが領土を再分割しただけだった。（「いいだろう、うちはここを取るから、きみたちはあっちを取ればいい」）。両次大戦間期において、西洋の首脳たちの多くが、汎アジア主義的な日本の大東亜共栄圏をグローバルな白人至上主義に対する脅威と見なしていた。実際、第二次世界大戦の時代に、アメリカの人気作家パール・バックは読者に対して次のように警告しなければならなかった。植民地化されたひとたちはきっとグローバルな白人支配に耐えきれなくなるだろうし、もしなにも変わらないというのであれば、かれらの不満は結果的に「もっとも長きにわたる人間どうしの戦争、白人とその世界、有色人種とその世界、この二つのあいだの戦争」の火種になるだろう、と。[57]

このような国境を越えたグローバルな白人の団結——実質的には白人の統治体制——に反応するかたちで、非白人たちは人種契約の廃止に共通の関心を示すようになるわけだが、そういった関心はパルチザンとしての感情的な合一化というパターンで現われてきた。これは近代的な、より国家主義的な観点から見るなら、奇妙なものに思われるだろう。例えば、一八七九年、イサンドルワナ山〔南アフリカ〕でズールー族がイギリス軍に敗れたことを知ったビルマの国王は、すぐさまラングーン〔現在のヤンゴン。当時、イギリスの占領下にあった〕に進軍するつもりだと公表したのである。[58] 一九〇五年、日露戦争で日本人がツァーの（白人の）軍隊を打ち負かしたことにインド人たちは喝采を送った。[59] 米西戦争のとき、黒人のアメリカ人たちは「褐色の男を殺すために白人の軍隊から派遣される黒人」になることに疑念を抱き、実際に黒人が数人ばかりエミリオ・アギナルド〔一八六九〜一九六四年。フィリピンの革命家〕率いるフィリピン軍の側についた。[60] 真珠湾攻撃のあと、アメリカのメディアで見られた、ある黒人小作人の不吉なジョークもある。この小作人は白人のボスにこう述べるのである。「ところでキャプテン、日本人《ジャップ》のやつらがあんたら白人に宣戦布告をしたらしいですね」。市民権を求める黒人活動家たちは「二重の勝利」つまり「国内での勝利と国外での勝利」を願ったのである。日本の諜報機関は、アメリカ国内の白人至上主義に対する有色人種の闘いにおいて、黒人アメリカ人と同盟を結ぶことができると考えていたのだ。白人アメリカ人たちは黒人の忠誠心が揺らぐのではないかと不安に思っていた。(61) 一九五四年、ディエンビエンフーでヴェトナムがフランスを打ち負かしたことは(第二次世界大戦における日本のシンガポール攻略と同様に) ある意味で人種的な勝利だと見なされた。それは白人が褐色の人種に敗北したということであり、グローバルな白人至上主義の横柄さに対する打撃だったのである。

要するに、人種的な自己同一化は、非白人の一般的な意識のレベルに――とくに人種契約の初期段階において、そしてそれが第二段階へと持ち越されるかたちで――深く刻みこまれていたのであって、非白人たちはどこにいようが、ある種の政治的共闘に参加しているという思いがあった。だれかの勝利はみなの勝利というわけである。奴隷制や植民地主義、ジム・クロウ、人種差別《カラー・バー》、ヨーロッパ帝国主義、アパルトヘイトに対して世界中で繰り広げられているさまざまな闘争はすべて、ある意味で、人種契約に反対する共闘の一部になっていたのだ。ギャリー・オキヒロが指摘しているように、「経済的・政治的世界システムを補強するグローバルな人種編成」が出現してきたのであり、そこから「超国家的な白人と非白人のアイデンティティ」が生まれてきたのである。(62) W・E・B・デュボイスがあの有名な一九〇〇年の汎アフリカ主義声明「世界の国々へ」のなかで述べているのは、まさにこういった世界、こういった道徳的・政治的現実なのだ。すなわち「二〇世紀の問題は人種差別《カラー・ライン》の問題である」。というのも、のちにデュボイスが指摘しているように、「白人だけに世界の覇権《ヘゲモニー》を与え、ほかの人種は白人の利益のために奉仕して満足するか、あるいはすべてを征服するかれらの軍隊をまえにして滅びるしかないと仮定するあの暗黙の、しかし明確な近代思想[63]」を受け入れる者があまりにも多いからだ。また、このような世界こそがやがて一九五五年のバンドン会議(インドネシア)を生み出した。これは、リチャード・ライトの言葉を借りるなら「人種的敗北者たち」とされる二九のアジア・アフリカ諸国からなる会議で、「人種主義と植民地主義」について議論しようというかれらのこの決意に当時のヨーロッパは慄いた[64]。結果的にこの会議が非同盟運動の形成をうながすことになった。さらにこういった世界が一九七五年、オーストラリアのアボリジニー、ニュージーランドのマオリ、アメリカン・インディアンを結びあわせる世界先住民族会議の創立を触発したのである[65]。

白人の読者にとって、たった半世紀前のこういう知的世界がまったく未知なる概念世界のように思われるのだとしたら、それは人種契約の書き換えがうまくいった証拠である。一般的な言説に見られる人種契約の諸項目を首尾よく書き換えたことによって、いまや白人による支配が概念的に見えなくなっている。レオン・ポリアコフが指摘しているように、死の収容所(とにかくヨーロッパの大地で起きたことだ)に対する戸惑いから、戦後ヨーロッパの知識人たちは過去の記録を改竄しはじめたのである。その過程で、ジョゼフ・アルテュール・ゴビノーのような人物が槍玉に挙げられ、人種主義は常軌を逸したかれらの発案だとされた。「こうして西洋思想のなかの大きな一章が巧妙に消し去られてしまったのであり、魔法のようなこのトリックに呼応して、心理的あるいは心理–歴史的なレベルで、不都合な記憶や不愉快な真実が集合的に抑圧されることになっていく[66]」。アングロサクソン系アメリカ人の政治哲学が、この時代、事実上の人種契約が存在するこの時代に復活してくるということ、このことが人種に対する現実離れした無神経さをある程度解き明かしてくれている。帝国主義、むやにされていく。

植民地主義、集団殺戮《ジェノサイド》といったものの歴史、組織的に人種が排除されたという現実、こういったことが、もともと白人市民に限定されていた、抽象的で一般的な見かけをもったカテゴリーのなかでうやむやにされていく。

あからさまな政治闘争――奴隷解放、脱植民地化、市民権、土地の権利を求めるもの――はこういった闘いの一部にすぎない。人種契約の諸項目は非白人たちを規範化し、かれらの存在論的劣等性を道徳的、認識論的、美学的に創出する。非白人たちがこのことを受けいれるかぎり、あるいはかれらもまた人種契約の署名者だったという点を考慮するなら、こういった闘争にも当然ながら個人的な側面があるということになる。ただ、たとえそうであったとしても、そういう側面は主流派の政治哲学のさまざまなカテゴリーに無理やり押しこめられてしまう。正統派の政治哲学は、社会契約の領域で力を発揮し、人間らしさ《パーソンフッド》を当然と見なすので、人種契約の現実を捉えそこなう。そのため正統派の政治哲学は逆の立場にある非白人の政治思想がもつ多面性をなかなか理解できないのである。

隷属人間がみずからを政治的に打ちだすためにはなにが必要なのか。まずそれは単純に――いや、それほど単純なことではないのだが――人間らしさという道徳的な地位を要求することだ。それはつまり当の人間のことを「愚劣な身体」、はじめから人間らしさを打ちだす資格を与えられていない存在と見なすような、白人によって構築された存在論に立ち向かうことを意味する。外の戦場へと踏みだすまえに、内なる闘争を行わなければならないとも言える。人種契約によって規定された隷属人間としてのあり方を内在化せずに、みずからの人間らしさをまず認めなければならない。先住民として蔑まれる自然状態の奴隷、植民地の被保護者という公認カテゴリーに抗わなければならない。さらに基本的な自尊心を学ばなければならない。これはカントの言う人間——人種契約によって特権化されたひとびと——が何気なく想定しているものだが、そういう自尊心が隷属人間に認められることはない。とりわけ、かつて奴隷だった黒人たちにとっては、自尊心を育み、白人たちに敬意を払わせることが決定的に重要なのである。フレデリック・ダグラスは「ひとりの人間がいかにして奴隷に仕立てあげられたのか」を詳細に論じたあと、「ひとりの奴隷がいかにして人間になったのかを示す」と約束する。(67) とはいえ、百年後のいまでもこの闘いはまだその途上にあるのだ。ジェームズ・ボールドウィンは一九五〇年代にこう書いていた。「黒人は人間扱いされることを求める。短すぎるほどの一文ではあるが、これはそのものずばりの言明なのである。カントやヘーゲル、シェイクスピア、マルクス、フロイト、聖書、こういったものを読みこんだひとびとも、この言明の真意となると、まったく理解することができないのだ(68)」。

こういった個人的な闘争にかかわってくるのは、認識論的な次元であり、白人の理論に見られる人種的に神秘化された側面に対する認知的抵抗、過去と現在を根気よく再構築して、その決定的な溝を埋め、グローバルに優勢なヨーロッパ的世界観から誹謗中傷をなくすこと、これである。みずからの認知的な力を信頼し、各種の理論を結びあわせながら、みずからの概念、洞察力、説明形式を発展させ、またこういった問題について探究することを妨害し、抑圧するために考案された概念的な枠組みの認識論的なヘゲモニーに歯向かうこと、こういったことを学ばなければならないし、また通常とは異なるやり方で考えなければならない。人種契約によって隠蔽されてきた歴史を掘り起こす取り組みもある。ネイティヴ・アメリカン、黒人アメリカ人、アフリカ人、アジア人、太平洋のひとびとは、みずからの過去を調査し、価値づけ、「野蛮さ」の描写や「歴史なき民族」という自然状態の存在の嘘を暴こうとしている。[69] ヨーロッパ中心主義の虚偽、無邪気とはいえない「白人の嘘」や「白人の神話」、こういったことを暴きだすことは、人間らしさを取り戻す政治的課題の一部なのである。[70] 黒人の抵抗運動の伝統において「事実確立主義的な」学問と呼ばれてきたものの長い歴史は、人種契約がでっち上げられる際に必ず生じる政治的反応なのである。[71] 社会契約の政治理論にはこれに相当するものがない。というのもヨーロッパ人たちはみずからの過去を文化的に統制していたので、過去が間違って表象されることはない（あるいは、間違った表象があったとしても、それは自分たちが作りあげたものである）、と確信していたからである。

最後に、人種契約の身体的な側面――人種契約では肉体への言及が必要になる――から、肉体の政治学が明らかになる。非白人たちはこの肉体の政治学を自分たちの闘争に取り込むことが多い。グローバルな白人至上主義は隷属人間に道徳的／認知的同等性を与えないだけでなく、美的同等性をも与えない。とりわけ、黒人の肉体は形質表現的に白人種の身体規範からもっとも遠いので、結果的にみずから進んで白人の肉体を可能なかぎり模倣することになる場合が多い。[72] したがって完全に黒人としての人間らしさを打ちだすときには、身体的な変化を意識的に拒否し、「黒人は美しい」と訴えるようなかたちで現われてくることもある。主流派の政治哲学にとっては、これはたんなるファッション的な発言ということになる。だが、人種契約から知見を得た理論にとって、これもまた人間らしさを取り戻す政治的課題の一部となるのである。

理論としての人種契約論は、世界の政治的／道徳的現実を解き明かし、規範的な理論を導くという点で、人種なき社会契約よりも優れた説明力をもつ。

「自然化された説明としての人種契約論」（以下「人種契約論」とする）は、現実世界のモデル、さらにはこの世界を作りかえるために必要とされるモデルということで言うなら、人種なき社会契約よりも理論的に優れている。したがってわたしは標準的な社会契約の議論を「人種契約論」の説明でもって補足しようと思う。

　これはある種の「カテゴリーの誤認」だと指摘するひともいるだろう。最近のグローバル・ヒストリーにおいてはレイシズムが中心的な問題になっているというわたしの論点が確かだとしても、近代の契約論はずいぶん前から現実世界を説明しているような素振りを見せなくなってきており、理念的な理論というかたちで仮定的に、主観的に実践されるようになってきている。したがって現実の社会がそういう規範にもとづくものではなかったということは、たとえそれが真実であったとしても、残念ながらいまはもう無効だというのである。これはたんに種類の異なる二つのプロジェクトなのだ、と。

　こういった回答は論点がずれているとわたしは思う。その理由を議論のはじめに明らかにしておくべきだった。今日の契約論に見られる道徳理論や政治哲学は公正な社会のための理念を規定しようとするものであり、おそらくこういった理念がいまの非理想的な社会を改革するうえで役に立つと思われているのだろう。そうであるのなら、事実がいまどうなっているのかを明らかにすることが疑いようもなく重要になってくる。道徳的な規定や政治的な規定は、経験からくる要求や理論的な一般化、さらには過去に起きたことやいま起きていることにかんする説明、また社会や国家の機能や政治的な権力がいまどこにあるのかという問題にかんするもっと抽象的な見解、こういったものに左右される。事実がこれまで慣習的に表象されてきたものと明らかに違っている場合、そういった規定もまた明らかに異なってくるはずだ。

さて、最初に指摘しておいたように、またこれまでもずっと論じてきたように、白人の道徳／政治哲学には人種や白人至上主義にかんする議論が欠落している場合が多い。そこから分かるのは、西洋の歴史において人種やレイシズムは周縁的なものでありつづけているということだ。主流派の言説が統治体制そのものをどう概念化しているのかを見れば、そういう考えがいっそうはっきりしてくる。主流派の言説では、それが個人主義的で自由主義的な民主主義という支配的な観点であれ、階級社会というマイノリティによるラディカルなマルクス主義の観点であれ、統治体制というものは本質的に人種なき性質のものだということになる。主流派の契約論者たちが全体像をつかめていないということを言っているわけではない（実際、なんらかの全体像がなければ理論を構築することなどできない）。むしろかれらは現実的な（暗黙の）全体像をつかんでいるのである。人種を除外し、あるいは周縁化し、ヨーロッパ帝国主義や植民地化を無害な状態にして、ごまかし、忘れてしまったようなその説明によって、その全体像は深刻な欠陥を抱えることになり、また判断を誤らせることになる。理想化された契約の強烈なイメージは、はっきりとした反イメージをもたないまま、わたしたちの記述的な理論、さらに規範的な理論を構築しつづける。今日の契約論は、本当の歴史をいっさい提供せずに、神秘化された歴史の穴を埋めるよう聴衆たちをうながす。そうすると奇妙なことに、歴史は、もともとの契約にあった歴史、（表面的には）すでに否定された歴史に似てくる。もちろん今日では、ひとびとがある形式にしたがって野生の状態から抜けだしてきて、契約に署名したなどと実際に信じている者はいない。とはいえ、近代ヨーロッパの国民国家は帝国主義の歴史にそれほど左右されておらず、アメリカ合衆国のような社会は、残念ながら多少の逸脱はあったものの、すべてのひとびとを受けいれるという気高い道徳原則にもとづいていた、という印象があることは確かだ[73]。「人種契約論」はこの全体像を、事実上、白人至上主義の第二段階において人種契約がもたらしたものと見なしつつ、それを神話的なものとして検証する。そのうえで――知覚／概念革命という比喩を用いながら――ゲシュタルト的な転換をうながし、図と地を反転させ、パラダイムを切り替え、「規範」と「逸脱」を逆にすることで、非白人を人間から人種的に除外することが本当の規範だったということを明確に示す。レイシズム、人種差別的な自己のアイデンティティ、人種主義的な思考といったものは、決して「驚くべきもの」でも「例外的なもの」でも「戸惑わせるもの」でもないし、啓蒙主義的なヨーロッパのヒューマニズムにそぐわないものでもない。ヨーロッパが世界を占有するための条件として、人種契約がそれを求めているのである。要するに標準的な契約論者の議論は、ある意味で根本的に判断を誤らせるものになっているということである。かれらははじめから事態を後退させているのだ。これまで一般的にレイシスト的な「例外」と見なされてきたものが、いまは実際に原則となっている。これまで「原則」と見なされてきたもの、理想的な規範と見なされてきたものが、いまは実際に例外となっている。

今日の政治理論は「人種契約論」があってはじめて成り立つ。その理由としてここで関係してくるものをもうひとつ挙げるとするなら、社会政治的な事実をわたしたちが理論化し、また道徳化する際、特徴的な仕方で社会構造の影響を受けるということである。政治理論には再帰性がある。それじたいをめぐる理論がまずあって、のちの理論家たちが先行する理論の盲目性を批判する。西洋の政治的な伝統における中心的な思想家たち――例えばプラトンやホッブズ、ロック、バーク、マルクス――はふつう規範的な判断を下すだけでなく、社会的な存在論や政治的な認識論を地図化したりもする。そうすることでほかの思想家たちの規範的な判断がなぜ方向を誤ったのかを説明するのである。つまりこういった理論家たちは、理想的な統治体制を実現するためには、現実的な統治体制の構造や機能が、わたしたちの社会的真実の受け止め方にどう干渉してくるのかを理解する必要があると分かっていたのだ。世界を理解し、また理解しそこねるというこのわれわれの特徴的なパターンは、世界のあり方に左右されるのであり、わたしたち自身のあり方にも左右される。わたしたちが自然にそういうあり方をしているのか、その世界によって形成されたものとしてそういうあり方をしているのか、ということである。

この経験世界のまやかしの外見を見通すこと（プラトン）、自然法を理解するすべを学ぶこと（ホッブズ、ロック）、抽象的なものを退け、「偏見」という名の知恵をどんどん蓄えていくこと（バーク）、ブルジョア的で父権主義的なイデオロギーからみずからを脱神話化すること（マルクス主義、フェミニズム）、とにかくこういった政治的な知には基準が必要なのである。とくに反対派のオルタナティヴな理論（右の例の最後の二つにかかわる）の場合、集団的な支配によって特徴づけられる抑圧的な統治体制がわたしたちの認識力を歪めるのであり、その仕方を理論化する必要があると訴える。実際は人間が作りあげた構造を自然なものとして当然視することで、目を向けなければならない現実が見えなくなってしまう。つまりわたしたちは別の見方をする必要があるというわけだ。階級やジェンダーのバイアスを取り除き、それまで政治とは無関係だと見なされていたもの、あるいは個人的なものと見なされていたものを政治的なものとして認識し、概念を刷新し、身近なものを見直し、身の回りの古い世界を新しい目で見る必要があるのだ、と。

もし「人種契約論」が正しいとするなら、政治体制にかんするいまの考え方は根本的に不完全だということになる。残念ながら人種的な逸脱がいくつかあるが、システムは基本的に順調であると言うことと、統治体制は人種差別的なかたちで構造化されていて、国家は白人至上主義的で、人種そのものが重要なのであって、適切な政治的存在論によってそれを調整しなければならないと言うこと、そのいずれかによって世界はまったく違ってくる。したがって今後、事実にまつわることだけが論争になるのではなく、なぜそういった事実が白人の道徳／政治理論のなかでこれほど長きにわたって理解されず、また理論化されずにきたのかということも話しあうことになるだろう。この政治体制によって特権化されている民族、すなわち優秀民族《ヘレンフォルク》の構成員たちが、これを政治体制と認めることを妨害するとしたらどうだろうか。実際にそういうこともありうるのだ。こういった政治的な課題に取り組むためには、ここまでわたしたちを連れてきた歴史とは根本的に異なる「メタナラティヴ」が必要になるだけでなく、これまでわたしが構想してきたように、いまもまだ存在している昔ながらの道徳的／政治的なからくりを考えなおし、また概念化しなおす必要もあるし、そういう不完全なからくりが白人の道徳心理学にどのように作用し、かれらの関心を特定の現実から外らせてきたかを、自意識に照らしあわせながら認識論的に精査する必要もある。人種なき社会契約、さらには今日の道徳／政治理論に見られる人種なき世界は、人種にかんする決定的な沈黙とそこからくる昔ながらの概念構成の曖昧さによって、実際の政治的な問題や懸念を謎めいたものにしてしまう。世界人口の大半が歴史的にずっと頭を悩ませてきた問題や懸念だというのに。

奴隷解放運動、人種主義にかんする事実確立主義、先住民たちによる土地の返還運動、反帝国主義や反植民地主義の運動、反アパルトヘイト闘争、民族的な遺産や文化遺産を取り戻すための調査といったものが過去二世紀にわたって織りなしてきたこの色とりどりのタペストリーのことを考えよ。そして第一世界における標準的な政治哲学の漂白されたテクストのなかに、どういう糸があらわれてくるのかを自分で問うてみよ。こういった闘争は政治的なものであるが、支配的なカテゴリーがあるせいで、われわれの理解が曖昧になっていることは否定できない（と考えることができる）。こういった闘争は、主流派の政治理論が占める概念空間とは別の概念空間にあらわれてくるように思われる。標準的な歴史や西洋の政治思想にかんする今日の調査研究にそれを探し求めても無駄だろう。最近登場してきた「多文化主義」をめぐる議論はもちろん受け入れるが、問題は政治的な権力なのだということを理解しておかなければならない。文化と文化が衝突することで生じる相互の思い違いだけが問題なのではないのだ。「人種」が「民族性《エスニシティ》」に取り込まれ、白人至上主義については言及されることもなく、さらには人種と人間らしさとのあいだの結びつき、人種契約によって規定されたこの歴史的な結びつきがやり過ごされているかぎり、多文化主義をめぐる議論は、はっきりと理論的なかたちで必要な訂正を行なうことができないだろう、とわたしは思う。結局、そういう議論もまた従来の枠組み（たとえ拡大されているとしても）のなかから出てくるのだ。わたしの言っていることが正しいとするなら、いま認識すべきことは、わたしたちがいま慣れ親しんでいる政治体制、政治理論の標準的な主題——専制主義と立憲主義、独裁主義と民主主義、資本主義と社会主義——と並行するかたちで、いまだ名を与えられていないグローバルな政治体制——グローバルな白人至上主義——があって、先に述べたような闘争はこの体制との闘いなのだということである。この体制に名前がつけられて、認識されないかぎり、この現象の意味を真剣に、理論的に理解することはできない。

「人種契約論」にはほかにも利点がある。それは人種の現実（原因となる権力、理論上の中心性）を認識し、同時に人種を脱神秘化する（「自然的ではなく」構築されたものとして人種を位置づける）ということだ[74]。歴史的に見た場合、もっとも影響力のあった人種理論そのものがずっと人種差別的だったのである。それは多岐にわたるもので、ダーウィン以前の純朴な見解から一九世紀の社会ダーウィン主義に見られる入念な考察、さらには二〇世紀におけるナチのラッセンクンデつまり人種学《レイス・サイエンス》にいたるまで、大なり小なり教養にもとづく生物学的決定論だったのである。表向きには人種差別的でない今日の風潮のなかで、「人種理論」について語ると寝た子を起こすことになる。人種は非現実的なものだと証明されたのではなかったのか、と。人種は存在しないのか、あるいは人種は生物学的本質なのか、この二つの選択肢しかないと想定するのは間違った二分法である。今日の「批判的人種理論」——本書もその一例ということになるだろう——は、とりわけ過去の本質主義的な見解との違いを打ちだすために、形容句を追加する[75]。つまり、人種は生物学的なものであるというよりも社会政治的なものであるのだが、そうであるにもかかわらず現実のものなのだ、と。

白人による主流派の理論とは違って、リベラルでラディカルな「人種契約論」は、一方で「人種」や「白人至上主義」といった言葉を、適正な社会政治理論の語彙のなかに取りこむべき批評的／理論的専門用語と見なし、社会はたんなる原子的個人の集まりでもなければ、労働者と資本家で構成されるひとつの構造でもないと考える。また一方で「人種契約論」は「反対派の」生物学的決定論（「太陽の民族」と「氷の民族」とに分けるメラニン理論）や、黒人の伝統としてある最近のいくつかの要素にときおり見られるひどい反ユダヤ主義とも距離をおきつつ、人種を脱神秘化する。反人種主義の統一を目指す一九六〇年代のあの見通しも不発に終わり、非妥協的な社会構造やますます勢力を増す白人の強情さが自然主義的な用語のなかに概念として定着しつつあるからだ。

こうして「人種契約論」は、主流派のなかでも良識のある道徳理論の内部にみずからを位置づけるのだが、自分ではどうすることもできないものに対して責任をとるよう求めることはしない。良識のあるリベラルな白人たちですら人種の政治学には不安を覚えることがある。教養もなく十把一からげに弾劾するような言葉（「白人」）には、選択の政治学――専制主義者と民主主義者、ファシストとリベラルといったような責任を問われるべき選択――と、とりわけ本人にはどうすることもできない肌の色や形質表現とのあいだの標準的な政治的／道徳的区別を許容する余地がないからである。人種をひとつの政治体制として認識することによって、「人種契約論」はそれを意志的なものにする。社会契約が社会と国家の創生を意志的なものにするのと同じやり方で。つまり形質表現／家系としての白人と、白人至上主義に政治的に加担するものとしての白人とを区別するのである。そうやって「白人の裏切り者」や「人種的な反逆者」のための概念の余地を残すのだ。人種契約を毛色の違うものに取り替えることがその狙いなのではない。最終的に人種——人間の無害な多様性としての人種ではなく、存在論的な優劣としての人種、差別的な資格づけや特権としての人種——を完全になくすことが狙いなのである。

また同時に「人種契約論」は白人によるレイシズムの特殊性（ヨーロッパ人は当然ながら本来的に白人であると思っているひとびとにとっての）を、ある特定の状況から偶発的に生じてきたものとして位置づけることによって脱神秘化する。歴史的な記録が残されていたにもかかわらず、最近までそれが否定されてきたことを考えあわせると、白人のレイシズムや白人の白人性が批判的な議論の争点になるのは当然のことなのである。とはいうものの、白人／非白人の関係を必要としない、ほかの付随的な人種契約が存在するという事実を見逃さないこと、これも重要である。「人種契約論」は、白人であることと白人至上主義とを分けて考えることで、白人至上主義を脱色し、それによって、パラレル世界においては、黄色至上主義、赤色至上主義、茶色至上主義、黒色至上主義もありえたはずだということを示すものだとも言える。あるいはこういうふうに言い換えることもできるだろう。黄色、赤色、茶色、黒色の白人至上主義がありえたはずだ、と。白人至上主義は実際のところ色のことではなく、さまざまな権力関係のまとまりのことなのである。

このことは、二〇世紀にヨーロッパの覇権に対して唯一本気で挑んだ国である日本が実証している。本論をとおして論じてきたように、日本人はかれらの独特な歴史によって特異な立場に置かれてきた。グローバルな白人の人種契約によって非白人の立場に置かれ、地域的な（ナチの）人種契約によって白人の立場に置かれ、さらにかれら自身の黄色人種契約によって（白人的な）黄色人種の立場に置かれてきたのである。アジアのなかで、日本人は長いあいだみずからのことを優秀民族だと考え、自国ではアイヌ民族を虐げながら、一九三〇年代には、白人ヨーロッパによる支配に対して、自分たちのリーダーシップのもとで「黄色人種をひとつにする」という汎アジア主義的な使命を公に打ちだしていた。「容赦なき戦争」といわれる太平洋戦争において、両陣営に見られた残虐行為は、この戦争がどちらの陣営にとっても人種戦争だったからこそなされたとも言えるだろう。それは人種的優越性を主張する体制どうしの戦争、ピンクか黄色かはさておき、真の白人性を求めて競合する国どうしの戦争だったのである。このことはハースト社が発行する新聞の見出しに端的なかたちで示されていた。「太平洋戦争は世界戦争だ。世界制覇をめぐる東洋人対西洋人の戦い」[76]。一九三七年の南京大虐殺以後、日本が中国を占領しているあいだに作成された黄色人種契約によって、推定で一〇〇〇万人から一三〇〇万人ものひとびとの命が奪われたとも言われている[77]。

枢軸国が勝っていたら世界はどうなっていたのか。このことは『大和民族を中核とする世界政策の検討』という注目すべき文書のなかに書かれている。アメリカ軍が占領軍として東京に到着するまでの数週間で、機密文書が大急ぎで焼却されるなか、『大和民族を中核とする世界政策の検討』は焼却されずに残った。ナチによる一九四二年のあの悪名高いヴァンゼー議定書では、最終的解決《ファイナル・ソリューション》の詳細が定められたわけだが、それとまったく同じというわけではないにせよ、それでも『大和民族を中核とする世界政策の検討』では、世界のさまざまな人種に見られる「本来的な性質や能力にもとづく自然な序列化」が論じられているし、「大和民族」が「先導的な民族」となるような世界秩序が構想され（純潔を守るために人種間の結婚は避けなければならなかった）、さらに不気味なかたちに書き換えられた世界地図にもとづく領土拡大と植民地化という戦後の使命まで規定されている。その世界地図のなかで、例えばアメリカは「アジアの東端」に位置づけられていた[78]。枢軸国が勝っていたら、大和民族とアーリア民族はどちらが世界の支配者かを決めるために戦いつづけなければならなかっただろう。つまりこのタイプの人種契約のもとで、ほかの非白人たち（非黄色人種ということになるだろうか）の暮らしがよくなっていたとは考えにくい。大事なことは、歴史的に白人の人種契約は世界の輪郭を決めるうえでもっとも破壊的で、もっとも重要なものではあったが、それは特異なものではないということである。また、だれかが生まれながらにもっている「人種的な」美徳という本質主義者の考えは幻想にすぎない。つまりどの民族も状況しだいで白人至上主義に陥る可能性があるということだ。一九九四年、ルワンダでの虐殺がそうだった。あの恐ろしい数週間で、劣等とされた黒人のツチ族一〇〇万人のうち、五〇万人が（「白人的な」）黒人のフツ族によって虐殺されたのである。

「人種契約」は社会契約を「脱構築」したものだと思われるかもしれないが、それは違う。政治的にはある程度ポストモダニズム——正統的な理論に対する偶像破壊的な挑戦、博物館に展示されている偉大なる西洋の思想家たちの白い大理石の胸像をひっくり返す行為——には共感するが、二〇〇〇年代に入って、結果的にポストモダニズムは認識論的にも理論的にも袋小路に陥っているのであって、世界の諸問題を診断するどころか、それじたいが問題の兆候になっているように思われる[79]。実際、「人種契約論」には、人種にかんする知見にもとづくイデオロギー批判の精神があり、啓蒙主義を擁護し（つまりユルゲン・ハーバーマス的なラディカルで未完の啓蒙主義を擁護する——ただし、近代に対するハーバーマスの捉え方は批判されねばならない。それはヨーロッパ中心主義的で、脱人種化され、また脱帝国主義化された近代だからである[80]）、さらに反ポストモダニズム的なところもある。「人種契約論」にはひとつの規範的な前提がある。それは契約論の理念そのものを必ずしも問題視するわけではなく、そういった理念が白人の契約論者たちによってどのように裏切られてきたかを示すということである。「人種契約論」はこの前提から社会契約を批判する。それは間翻訳可能性《インタートランスレイタビリティ》を想定しているとも言える。間翻訳可能性とはつまり劣化した規範や批判の概念的な通約可能性のことである。「人種契約論」はそういった規範や批判をひとつの認識上のまとまりのなかに引きだしてくる。相互に理解できないようなひとりよがりの言語ゲームであるポストモダニストの手法を採用することはない。さらに「人種契約論」は特定のメタナラティヴに潜む真実、つまりヨーロッパによる世界征服にかんする歴史的説明の真実に公然ともとづくものである。こういったメタナラティヴによって世界はいまのような姿になっているのだ。「人種契約論」が求めているのは、真実、客観性、現実主義、さらには世界を実際のとおりに記述することであり、世界を変革し、人種的公平性を実現するための方向づけである。さらにこういったものにかんする批判を誘発するものでもある。

　主導権を握っている理念的な社会理論を反対派の立場から批判する唯物論をさらに有意義なかたちで受け継ぎながら、「人種契約論」はわたしたちが生きているこの世界のいまの姿を認識する。さらに理念の構築とその理念の非実現がこの世界の特徴であり、集団の利益と制度化された組織の特徴であると見なしたうえで、そういった理念を実現するためにはなにが必要なのかを示す。そうすることで記述と方向づけ、事実と規範をひとつに結びあわせるのである。

社会契約を喧伝した政治体制には実際のところさまざまな歴史があったのであり、そのせいで社会契約は面目を失わざるをえない。一方、「人種契約論」はそういう不愉快な現実がスタート地点となる。「人種契約論」は、社会契約のように虚構の理念にもとづく抽象化をつねに強いられるわけでもなく、純粋理論という理想郷に逃げこむ必要もない。仮定的なものと現実的なもの、仮定法と直説法とのあいだを軽々と移動することができるのだ。起きてもいない出来事を実際に起きたかのように偽る必要もない。逃げる必要もないし、隠す必要もないし、取り繕う必要もないのである。「人種契約論」は世界のことがよく分かっているので、なにかが明らかになったからといって、「驚いて」ばかりいるわけでもない。レイシズムが規範になっていて、みなが自分自身のことを抽象的な市民ではなく、人種化された存在だと考えているとしても別に驚くほどのことではない。実際、そういうことは客観的な歴史を見れば明らかなのだ。「人種契約論」はこの世界をめぐるひとつの抽象化なのである。裏を返せば、主流派の政治哲学の問題は抽象化そのものではないということだ（そもそも理論というものは抽象化をともなうものである）。オノラ・オニールが指摘しているように、いまは人種契約を書きとめたものは実際に存在しないが、目には見えないその存在によって人種契約はいまも理論に影響を及ぼしており、それじたいが理論になりつつある。この人種契約の諸項目に導かれるかたちで、当の事象から因果的な決定要素やそれに必要な理論的相互関係を特徴的なかたちで引きだしてくるような抽象化、これが主流派の政治哲学が抱えている問題なのである。[81] 正統的な政治哲学は密閉されていて、風通しの悪い小宇宙になっている。「人種契約論」はその扉を開け放ち、想像力を欠いた白人たちの大広間に世界をどっと流し込むのだ。抽象的な市民ではなく、白、黒、茶、黄、赤、それぞれのひとが、たいていは人種にもとづいて、たがいに関わりあい、見ないふりをして、分類し、判断し、交渉し、手を組み、搾取し、闘っている世界、つまりわたしたちが実際にいま生きているこの世界をそこに流し込むのである。

最後に、「人種契約論」は反対派としての黒人理論、つまり公的なかたちで隷属人間扱いされることを拒否したひとびとの認識、理論を構築する力がないとされたひとびとの理論、その長きにわたるすばらしい伝統のなかにみずからを誇らしげに位置づける。多種多様な隷属人間のなかでも、黒人は数百年にわたってもっとも直接的なかたちで白人の理論の矛盾を目の当たりにしてきた。白人の統治体制の一部であっても、一部ではないものとして一般的に特別視されてきたのである。奴隷契約のあの独特な項目がそれを物語っている。「人種契約」は何世代にもわたる名もなき「黒人の男たち」（さらに「黒人の女たち」）の慧眼に敬意を表する。もっとも困難な状況のもとでも、かれらは正規の教育や学問の手を借りずに、多くの場合、みずからを教育し、力のある白人の理論からは軽蔑され、馬鹿にされながらも、自分たちを迫害する政治体制の輪郭をつかむために必要な概念を作りあげようとしたのであり、またそういった迫害を道徳的に正当化するか、もしくはその存在を否定する白人学者の重圧に逆らおうとしたのである。

黒人の活動家たちがつねに見すえていたのは、白人支配や白人権力（一九一九年に、ある作家が白人による支配という意味で、これを「白人民主主義《ホワイトクラシー》」と呼んだ[82]）が排除と差別的特権からなる政治体制だということである。白人の自由主義に見られるカテゴリーも、白人のマルクス主義に見られるカテゴリーも、この政治体制を概念化するものであったということ、これが問題なのである。そういう意味で、「人種契約論」は黒人特有の言葉《ヴァナキュラー》（文字どおり「奴隷の言葉」）であると見なすこともできる。社会契約を「意味づけること」、つまり「二重の声」「二つのトーン」からなるその「正式な改訂」によって、「否定されてはいるが、パラレルになっている同時的な言説世界（存在論的、政治的な）が、より大きな白人の言説世界には存在する」ということを証明し、それによって「（白人による）意味づけの本質を批判する」こと。[83] こうして黒人は白人理論の嘘を脱神秘化し、白人政治家たちの三揃いのスーツのしたに隠されたクー・クラックス・クランの衣装を暴きだす。皮肉たっぷりで、クールで、ヒップで、とりわけ物事に通じた「人種契約論」は、知る者の立場からものを言う。人種差別的な政治体制の一般的な論理をひっくり返して言うなら、「理想的な対話の状況」にわたしたちの存在が不要であるならば、白人理論の大広間にわたしたちがいるだけで認知的脅威になるということだ。わたしたちは文字どおり多くを知りすぎている男と女なのである。アメリカ式のすばらしい表現を用いるなら、死体がどこに埋められているのかをわたしたちは知っている〔弱みを握っている〕のだ（結局のところ、その死体の多くがわたしたち自身なのだが）。「人種契約論」は、黒人の批評家が効力を発揮するためにつねにやらねばならなかったことをする。反対の立場にあるものと同じ空間にみずから立ち、「「人種」」について書くことでどのような違いが生じるのかを見て、その後なにが起きるのかを示す」のである。[84] いまは両者が二つのゲットー化された空間のなかでそれぞれ孤立している。主流派の議論とは別の場所で黒人の政治理論がゲットー化し、白人の主流派の理論は現実とは別の場所でゲットー化しているのである。「人種契約論」は本来、この二つを結びあわせることを可能にするものなのだ。

社会契約の理念と人種契約の現実とのあいだの溝を埋めようとする闘いは、いまだ知られていない過去数百年の政治史なのであって、W・E・B・デュボイスの言葉を借りるなら「皮膚の色《カラー・ライン》による差別をめぐる戦い」なのである。この闘いは今後しばらくそういうものとして続きそうだ。人種による分断は悪化しており、アメリカは人口統計的に白人が多数を占める社会から非白人が多数を占める社会へと移行している。白人が大半を占める第一世界と非白人が大半を占める第三世界とのあいだの分断は深まりつづけ、後者から前者へと決死の覚悟で不法に入国するひとびとの数はますます増えてきており、「グローバル・アパルトヘイト」という新しい世界秩序のなかで、グローバルな公平性を求める声が次第に大きくなってきている(85)。この現実に名前をつけるために、こういった問題と真摯に向きあう理論の必要性が生じてくるのである。こういった問題がまるで目に入っていないかのようなふりをするひとは、これまでわたしが描いてきた構想を認めずに、当初から人種契約が求める無知の認識論を保持しつづけるしかない。そして、ここまで検証してきたような無知がこのままはびこるかぎり、人種契約が完全に抹消されることはなく、ただ書き換えられていくだけであって、公平さ《ジャスティス》は「白人たちだけ《ジャスト・アス》」に限定されつづけることになるだろう。

訳者あとがき

本書は以下の本の翻訳である。Charles W. Mills, *The Racial Contract*, Twenty-fifth Anniversary Edition, Cornell University Press, Ithaca and London, 2022.（冒頭に置かれている本書への賛辞と書評の抜粋は割愛した。）

「二十五周年記念版」とあるところに注目していただきたい。つまりこの本の初版は一九九七年に刊行されているのである。「二十五周年記念版」は、「二十五周年記念版への謝辞」、トミー・シェルビーによる「序文」、著者による「序文」（人種契約──時代はめぐる）が付加された以外、本文に異同はほとんどない。

私がミルズのこの本の存在を知るきっかけになったのは、フェリックス・ガタリの『ミクロ政治学』（法政大学出版局）という本の刊行であった。ブラジルの精神分析家でガタリの親友であったシュエリー・ロルニクが『ミクロ政治学』の日本語版のために書き下ろした「亡きガタリへの手紙」という体裁をとった「ガタリ論」のなかに、この本への言及を見つけた。シュエリーがガタリにこの本を推奨していることが何か気になって、昨年の夏頃に原著を取り寄せてざっと読んでみたところ、これはとてつもなく優れた「レイシズム論」であり、かつ奥深い「西洋思想批判」の書であることがわかった。にもかかわらず邦訳は出ていないことも判明した。

そこで、早速『ミクロ政治学』の編集を担当してくれた法政大学出版局の高橋浩貴さんに邦訳の話を持ちかけたところ、高橋さんも気になっていた本であるということで快諾してくれ、邦訳出版の準備に取り掛かることになった。そして、かつてギャリー・ジェノスコの『フェリックス・ガタリ』（法政大学出版局）を共訳した松田正貴さんに今回も一緒にやろうという話を持ちかけたところ、松田さんも本を取り寄せて読み、素晴らしい本であるという感想を寄せてくれた。

かくして二人で翻訳を進めることになったのである。ただし、原文が英語なので、今回も英語に堪能な松田さんが全体を訳し下ろし、私が適宜手をくわえるというやり方で翻訳を進めた。（松田さんは現在、戦後日本の「墨塗り教科書」の問題の再検討に取り組んでおり、その合間を縫って迅速な翻訳作業をしてくれた。）

ところで、版権を取得する過程で、原著の出版社が「二十五周年記念版」を準備していることがわかるとともに、著者のミルズが昨年九月二〇日に病気（癌）で他界していることがわかった。運命のいたずらといおうか、翻訳の過程で著者と連絡を取ろうと思っていた矢先だったので、まことに残念な死であった。おそらくこの「二十五周年記念版」が生前のミルズの最後の仕事になったのだと想像される。ともかく、こうしてこの「二十五周年記念版」を元に翻訳をすすめて刊行にこぎつけたのが本訳書である。

それにつけても、こんな名著が長年邦訳されないままになっていたことは驚きであった。しかし私にしても、シュエリーに教えてもらうまで知らなかったのだから、偉そうなことは言えない。

ミルズは本書の中で自分自身の出自についても語っているので、経歴については本人の記述を参照していただくに越したことはないが、以下に略記しておこう（巻末の著者略歴も参照されたい）。チャールズ・ウェイド・ミルズは一九五一年ロンドンでジャマイカ出身の両親のもとに生まれ、出生後すぐにジャマイカ（キングストン）に移住した。成長して西インド諸島大学やカナダのトロント大学で学んだ。のちにアメリカの市民権を得て、アメリカのオクラホマ大学やイリノイ大学（シカゴ）で教鞭をとることになるが、病没したときはニューヨーク市立大学大学院センターの教授であった。

なお、Charles Wright Millsとは別人物であることを、あえて喚起しておきたい。というのは、この両者は略記すると、いずれもCharles W. Millsとなり、まぎらわしいからである。それに、『ホワイト・カラー』や『パワー・エリート』という著書で知られるアメリカの社会学者チャールズ・ライト・ミルズの方が社会的にはるかに有名な学者だからである。本書の著者はチャールズ・ウェイド・ミルズという日本ではほとんど無名の人物であることをあえてもう一度確認しておきたい。

さて、本書は、解説は無用と言ってもいいほど明快な内容になっていると思われるが、屋上屋を架すことを覚悟で、訳者として少しだけ注釈をしておきたい。

ミルズの言う「人種契約」とは、西洋の社会思想の基盤を支える「社会契約」のなかに埋め込まれた「人種（差別）契約」のことである。言い換えるなら、西洋社会における「人種差別」は、世上よく言われる「社会契約」を逸脱した例外的現象などではなくて、「社会契約」そのもののなかに起源があるということだ。ミルズは本書でこういう画期的な概念と見方を提起したのである。

トマス・ホッブズ、ジョン・ロック、イマヌエル・カント、ジャン＝ジャック・ルソーといった系譜に体現される西洋の政治思想としての「社会契約」論は、人種に対して偏見のない公正な立場に立脚したものとされてきたが、現実には彼らの理論は白人のあいだでだけ通用する関係調整を目指したものであること、このことをミルズは綿密な文献的手続きを通して本書で明らかにしている。

つまり、これらの政治理論家は「人種契約」をつくりだすのに一役も二役も買っているということである。そして、この「社会契約」のなかに潜在する差別契約としての「人種契約」は、白人が非白人を抑圧したり搾取したりする現実を生み出した。しかし、「社会契約」という概念に基づく政治的装置は、非白人を排除した白人だけのあいだの理念的合意にすぎないにもかかわらず、あたかも唯一無二の〝民主的政治体制〟であるかのごとく機能してきた。

そして、現代の政治理論家（『正義論』のジョン・ロールズなど）もこのことに気づいていないか、気づいていないふりをしている。なぜなら彼らのほとんどが白人プロパーの政治理論家として承認されているからであり、白人のつくった政治システムが至上のシステムであることを前提にしているからである。そして「社会契約」を基にした〝民主的〟と称される政治体制が現実には人種差別的に機能していることを見ようとしない。

ミルズはこうした「社会契約」の潜在的人種差別機能が現実にどのように顕在化して差別や不平等を生み出しているか、そのメカニズムを「人種契約」という概念を使って明らかにする。かくして「人種契約」という概念は、われわれが生きている現代世界をかたちづくってきた規範的理論とその現実的適用の歴史的欠陥を明るみに出すとともに、現代世界の底部に流れる暗流とも言うべきもうひとつの世界を明るみに出す。そして、こうした現代世界の二重の真実から目を背けないことが、人種差別なき理念的世界を築くための一里塚になることを示唆している。

「人種契約」は、西洋社会の生活に深く根付いた「社会契約」という観念体系の最深部に潜んでおり、あえて言うなら人々の無意識の層にまで浸透して、社会的な集合的無意識として作動している。そうであるがゆえに、人々はその機能を容易には認識できないということだ。ミルズは自らの生活体験と人文学的知識を混成するなかで西洋の社会生活の最深部の地層に接近し、その機能様態を明らかにしたのである。

本書は、〝民主的政治システム〟の故郷として日本でも参照され続けてきた西洋社会に潜む根源的問題を剔抉した快著であるとともに、西洋社会で生起し続けている「人種差別」的社会現象を正確に把握するためのまたとない道具となる。いちいち例を挙げるまでもなく、現代社会において、「民主主義」という言葉が声高に叫ばれる一方で、現実には「人種差別」が消滅しないどころか、むしろ陰に陽に拡大し続けているのはなぜなのか。本書はその原因を考える新たな視点を提供してくれる。「社会契約」に基づいた「民主主義」と言われる政治システムのなかにこそ「人種差別」の根があるというミルズの指摘は説得力に満ちたものである。これは人間が日々吸って生きている空気のなかにさまざまな疾病の原因が潜んでいることに人間がなかなか気づかなかったことに類比しうるだろう。「民主的」と言われる制度のなかに生きていると、その制度そのものが問題であることになかなか気づかないということである。あるいは気づいても、そのような認識がなかなか広がらないということである。

本書を読みながら、とくに「社会問題としての人種問題」という角度から最も私の関心を引いたのは、「人種契約」が恒常的に機能する西洋社会において、「人種差別」をなくすために活動する白人と非白人の多様な交錯の様相である。白人と非白人の双方において〝開明的〟な思想的行動が歴史的に展開されてきたさまをミルズは描いているが、そこにおいても「人種契約」という概念を導入しないかぎり、西洋社会の主流をなす「社会契約」の差別的作動を止めることができないことがわかる。

白人の〝開明的〟な政治家や理論家の多くは、「人種契約」についての認識を持たないまま「差別」を解消しようとする。そしてそれは非白人の差別撤廃論者の一部にも共通している。ここから一見好ましく見えるが物事の本質から目を逸らさせる政治的現象が生じる。

アメリカで黒人の血を引くバラク・オバマが大統領に選出されたとき、あたかもアメリカは差別が解消された社会であるかのごとき、あるいはオバマがアメリカの人種差別をなくす英雄になるかのごとき報道がなされた。しかし現実には、その後も差別はなくならず、さまざまな差別的事件が頻発していることは周知のところである。トランプが大統領になってその状況が悪化したのも事実であるが、問題の本質はそこにはないだろう。むしろ、バイデンが副大統領のカマラ・ハリスをはじめ非白人系の政治家を要職にたくさん起用していることにあると見るべきであろう。つまり非白人エリートを使った人種差別問題の〝目くらまし〟である。非白人エリートがいくらエスタブリッシュメントの階梯を登っていっても、人種差別はなくなることはない。これが現実である。

もう一つの例を引こう。フランスのマクロン政権は二期目の目玉として、国民教育・若者省大臣に、黒人の血を引く（父親がセネガル人、母親がフランス人）パップ・ンディアイというエリート学者を起用した。人種差別撤廃論者として知られ、邦訳書もある著名な学者である（『アメリカ黒人の歴史――

自由と平和への長い道のり』明石紀雄監修、遠藤ゆり訳、明石書店、二〇一〇)。しかしパップ・ンディアイが非白人の側に立ついかに優れた人物であるとしても、マクロン政権の閣僚になること自体が、マクロンが〝人種差別をしない〟という見せかけをつくるための〝目くらまし〟に加担することにしかならない。マクロン政権が人種差別どころかさまざまな階級差別をも行ない続けてきたことを考えれば、この人事がまさに〝目くらまし〟であることは明瞭である。もちろん、これでもってフランスにおける人種差別がなくなることはないだろう。なぜなら『社会契約論』を書いたルソーが活躍したフランスの「社会契約」的政治システムには、まさに「人種契約」が潜在し、広く機能し続けているからである。しかも、多くの人々はこの「人種契約」の機能に気づいてもいない。気づいていないからこそ、機能し続けるということでもある。

しかし、こうした政治的現象には、エスタブリッシュメントの側の思惑だけが関わっているのではない。エスタブリッシュメントに参入していこうという非白人系の人々の思惑も絡んでいるのである。ここには人種差別問題の奥深い歴史的逆説が隠されている。現代の人種差別の起源には、近代という時代を造型した植民地主義の世界的展開が根深く関与しているからである。

政治的次元における人種構成の問題には、かつてフランツ・ファノンが名著『黒い皮膚・白い仮面』で鋭く抉り出した抑圧された植民地の人々の、抑圧された者であるがゆえの複雑な意識の問題が絡んでいる。ここが逆説の出所である。つまり、非白人エリートは白人社会の階梯を登っていくために、否応なく「白人にかぎりなく近づこうとする」(ファノン的に言うなら〝かぎりなく白くなろうとする〟)のだが、これは西洋社会において〝民主的装い〟をこらした白人の政治エリートにとって好都合であるということだ。ここから、白人の政治エリートによる非白人の政治エリートの利用という政治的現象が生じるのである。

ファノンに従うと、この非白人の〝エリート主義〟は、抑圧された植民地の人々の自立にとって障害となる。この抑圧された者の〝エリート主義〟からは、真の自立と解放の道は見えてこないということだ。したがって、この障害を取り除くことも、植民地独立や差別撤廃運動の課題になる（このかん新自由主義グローバリゼーションによって、独立した植民地の〝再植民地化〟が新たなかたちで進んでいることを念頭に置こう）。このような現状にも「人種契約」という概念を適用することができるだろう。すなわち「人種契約」という概念を使って、西洋社会における現行の「社会契約」的政治システムを突き崩す方向に向かわねばならないということだ。そして、そうしないかぎり、植民地問題や人種問題は根本的に解決しないということである。

ひるがえって、西洋社会から長年影響を受け続けてきた日本において、このような根源的な西洋社会批判の書物が、これまで翻訳されてこなかったことは残念と言うしかないが、遅ればせながら、本訳書の刊行が日本における西洋社会（ならびに現代世界）についての認識の革新に役立つことを祈念したい。おそらくこういった人文学の領域横断的理論は、思想学系、歴史学系、社会学系等々に分割された人文学の諸分野の〝はざま〟に、いわばエアーポケットに落ち込んで、黙殺されるか忘却されてしまうのだろう。自戒を込めて言うなら、もっぱら西洋思想の〝正系〟と〝異端〟の研究ばかりに精を出してきたがゆえに、大きな欠落に気がつかなかったということでもある。まさに西洋社会に内在する〝第三（世界）の視点〟が欠落していたのである。

カリブ海に育ちアメリカ社会に深く入り込んだミルズの、白人と非白人の両側の思考を折り重ねた複合的な声は、人種差別がなくならないかぎり、西洋社会（のみならず世界全体）の基調低音として確実に響き続けるだろう。人種差別がなくなるためには、ミルズの「人種契約」という概念が多くの人々の間で広く深く共有される必要があるということだ。

今回も、法政大学出版局の高橋浩貴さんの丁寧な編集作業のお世話になった。記して謝意を表したい。

杉村昌昭（訳者を代表して）

二〇二二年七月

索　引

あ行

か行

さ行

た行

な行

は行

ま行

わ行

原　注

序文（トミー・シェルビー）

(1) こういった初期の論文については以下を参照。Charles W. Mills, *Blackness Visible: Essays on Philosophy and Race* (Ithaca, N.Y.: Cornell University Press, 1998) およびCharles W. Mills, *From Class to Race: Essays in White Marxism and Black Radicalism* (Lanham, Md.: Rowman & Littlefield, 2003).

(2) こういった運動における初期の重要な論考については以下を参照。Kimberlé Crenshaw, Neil Gotanda, Gary Peller, and Kendall Thomas, eds., *Critical Race Theory: The Key Writings That Formed the Movement* (New York: The New Press, 1995).

(3) わたしの反論については以下を参照。"Racial Realities and Corrective Justice: A Reply to Charles Mills," *Critical Philosophy of Race* I, no. 2 (2013): 145–62.

序文　人種契約——時代はめぐる

(1) Cedric J. Robinson's *Black Marxism: The Making of the Black Radical Tradition* (Chapel Hill, N.C.: University of North Carolina Press, 2000).「ラディカルな伝統」という言葉を用いたのはこの本が最初だが、その内容はいまだ議論の余地がある。

(2) Leonard Harris, ed., *Philosophy Born of Struggle: Anthology of Afro-American Philosophy from 1917* (Dubuque, Iowa: Kendall/Hunt, 1983).

(3) John Rawls, *A Theory of Justice*, rev. ed. (Cambridge, Mass.: Harvard University Press, 1999), p. 4〔ジョン・ロールズ『正義論［改訂版］』川本隆史・福間聡・神島裕子訳、紀伊國屋書店、2010年、7頁〕.

(4) Kwame Anthony Appiah, *In My Father's House: Africa in the Philosophy of Culture* (New York: Oxford University Press, 1992).

(5) Appiah, *In My Father's House*, p. 40. その後の著作において、かれは最初の立場を少し修正しようとした。

(6) Lucius T. Outlaw, *On Philosophy and Race* (New York: Routledge, 1996).

(7) Charles W. Mills, *Black Rights/White Wrongs: The Critique of Racial Liberalism* (New York: Oxford University Press, 2017).

(8) Tommie Shelby, *Dark Ghettos: Injustice, Dissent, and Reform* (Cambridge, Mass.: Harvard University Press, 2016).

(9) 例えば以下を参照。Amy R. Baehr, ed., *Varieties of Feminist Liberalism* (Lanham, Md.: Rowman & Littlefield, 2004). さらにRuth Abbey, *The Return of Feminist Liberalism* (New York: Routledge, 2011).

(10) シェルビーとわたしの批評的議論については以下を参照。Shatema Threadcraft, *Intimate Justice: The Black Female Body and the Body Politic* (New York: Oxford University Press, 2016).

(11) Carole Pateman, *The Sexual Contract* (Palo Alto, Calif.: Stanford University Press, 1988)〔キャロル・ペイトマン『社会契約と性契約――近代国家はいかに成立したのか』中村敏子訳、岩波書店、2017年〕; Stacy Clifford Simplican, *The Capacity Contract: Intellectual Disability and the Question of Citizenship* (Minneapolis, Minn.: University of Minnesota Press, 2015).

(12) わたし自身の提案は以下の講演を参照。2020 Tanner Lecture, "Theorizing Racial Justice." 以下のタイトルで書籍化予定。*The Tanner Lectures on Human Values.*

(13) Michelle Goldberg, "The Campaign to Cancel Wokeness," *New York Times* (print), February 28, 2021, SR, 3.

序　章

(1) アメリカの思想にかんする1994年の報告書「職業の地位と将来」によって明らかになったのは、「(専任の) アフリカ系アメリカ人教員が所属している学科は20にひとつ（報告があった456学科のうち28)、スペイン系アメリカ人の教員やアジア系アメリカ人の専任教員はそれよりやや少なく（どちらの場合も17)、ネイティヴ・アメリカンの専任教員では7学科のみ」ということである。*Proceeding and Addresses of The American Philosophical Association* 70, no. 2 (1996): 137.

(2) 概説書としては以下を参照。Ernest Barker, Introduction to *Social Contract: Essays by Locke, Hume, and Rousseau,* ed. Barker (1947; rpt. Oxford: Oxford University Press, 1960); Michael Lessnoff, *Social Contract* (Atlantic Highlands, N.J.: Humanities Press, 1986); Will Kymlicka, "The Social Contract Tradition," in *A Companion to Ethics,* ed. Peter Singer (Oxford: Blackwell Reference, 1991), pp. 186–96; Jean Hampton, "Contract and Consent," in *A Companion to Contemporary Political Philosophy,* ed. Robert E. Goodin and Philip Pettit

(Oxford: Blackwell Reference, 1993), pp. 379–93.

(3) 土着のひとびとを地球規模の集団と見なして「第四世界」と呼ぶこともある。Roger Moody, ed., *The Indigenous Voice: Visions and Realities*, 2d ed., rev. (1988, rpt. Utrecht: International Books, 1993).

(4) 賞賛に値する例外としては以下を参照。Marion Young, *Justice and the Politics of Difference* (Princeton: Princeton University Press, 1990)〔アイリス・マリオン・ヤング『正義と差異の政治』飯田文雄・苅田真司・田村哲樹監訳、河村真実・山田祥子訳、法政大学出版局、2020年〕. ヤングは、人種的な集団を含む集団的服従の公正さという標準的な概念が示唆するものに明示的に関心を寄せている。

(5) 社会契約論さらには戦後の政治哲学全般を復活させたということで、一般的に以下の文献が賞賛されている。John Rawls, *A Theory of Justice* (Cambridge: Harvard University Press, 1971)〔ジョン・ロールズ『正義論[改訂版]』川本隆史・福間聡・神島裕子訳、紀伊國屋書店、2010年〕.

(6) Thomas Hobbes, *Leviathan*, ed. Richard Tuck (Cambridge: Cambridge University Press, 1991)〔『世界の名著23 ホッブズ リヴァイアサン』永井道雄・宗片邦義訳、中央公論社、1971年〕; John Locke, *Two Treatises of Government*, ed. Peter Laslett (1960; rpt. Cambridge: Cambridge University Press, 1988)〔ジョン・ロック『市民政府論』鵜飼信成訳、岩波文庫、1968年〕; Jean-Jacques Rousseau, *Discourse on the Origins and Foundations of Inequality among Men*, trans. Maurice Cranston (London: Penguin, 1984)〔ルソー『人間不平等起源論』中山元訳、光文社古典新訳文庫、2008年〕; Rousseau, *The Social Contract*, trans. Maurice Cranston (London: Penguin, 1968)〔ルソー『社会契約論／ジュネーヴ草稿』中山元訳、光文社古典新訳文庫、2008年〕; Immanuel Kant, *The Metaphysics of Morals*, trans. Mary Gregor (Cambridge: Cambridge University Press, 1991)〔『カント全集第11巻 人倫の形而上学』吉澤傳三郎・尾田幸雄訳、理想社、1969年〕.

(7) "Contract and Consent" (p. 382) のなかで、ジーン・ハンプトンは次の点を思い起こさせてくれている。古典的な理論家たちにとって、契約は「政治的な社会の特徴を記述すると同時に、そのような社会のための新しい、よりまっとうな形式を規定しよう」とするものである。この論考と "The Contractarian Explanation of the States" (*The Philosophy of the Human Sciences*. Midwest Studies in Philosophy, 15, ed. Peter A French, Theodore E. Uehling Jr., and Howard K. Wettstein (Notre Dame, Ind.: University of Notre Dame Press, 1990), pp. 344–71) のなかで、かの女は古いタイプの、いまは通用しないとされているような「国家にかんする契約論的解説」の復活について明確に論じている。「権限をもった政治的社会は人間の創造

物」であり（神によって与えられたものでも、自然に決定されたものでもない）、「慣習的に生みだされたもの」であるという本質的な論点を「契約」のイメージは捉えるのだとハンプトンは指摘する。

(8) Rousseau, *Discourse on Inequality*, pt. 2〔ルソー『人間不平等起源論』第2部〕.

(9) Carole Pateman, *The Sexual Contract* (Stanford University Press, 1988)〔キャロル・ペイトマン『社会契約と性契約――近代国家はいかに成立したのか』中村敏子訳、岩波書店、2017年〕. 契約論は必然的に抑圧的なものになるとペイトマンは考える（「契約はつねに支配と服従の関係というかたちで政治的権利を生みだす」p. 8〔邦訳10–11頁〕）。ここがわたしの考えと異なる点である。わたしは、契約論のなかで描かれる支配をもっと偶発的なものと捉えている。言い換えるなら、人種契約は社会契約を補強しなければならなかったとわたしは思っていない。むしろ人種契約は、やがてヨーロッパ帝国主義へと発展するようなグローバルな歴史のさまざまな状況が特殊なかたちで結合して生まれてきたものである。その結果、当然ながら、いったんその秘められた歴史が認知されるようになれば、契約論は肯定的に用いることが可能になるとわたしは思う。ただ、本書においてそのような計画を最後まで実行するつもりはない。ペイトマンの否定的な評価とは対照的なフェミニストの契約論の例としては以下を参照。Susan Moller Okin, *Justice, Gender, and the Family* (New York: Basic Books, 1989)〔スーザン・M・オーキン『正義・ジェンダー・家族』山根純佳・内藤準・久保田裕之訳、岩波書店、2013年〕.

(10) 例として以下を参照。Paul Thagard, *Conceptual Revolutions* (Princeton: Princeton University Press, 1992), p. 22.

(11) 以下を参照。Hampton, "Contract and Consent" and "Contractarian Explanation." ハンプトン自身が注目しているのは自由－民主的な国家だが、慣習的に作りだされた規範と実践を概念化するために「契約」という発想を用いるかの女の戦略は、自由－民主的でない人種差別的国家の理解にも応用可能である。その違いは「ひとびと」がいまは白人となっている点だ。

第一章　概説

(1) オットー・ギールケはこの二つをそれぞれ「協同契約（Gesellschaftsvertrag）」「支配契約（Herrschaftsvertrag）」と名づけた。議論のために以下を参照。Barker, Introduction, *Social Contract* および Lessnoff, *Social Contract*, chap. 3.

(2) Rawls, *Theory of Justice*, pt. I〔ロールズ『正義論』第1部〕.

(3)「白人たち」というかたちで一般化する際に、もちろんわたしは以下のことを否定するつもりはない。白人たちのなかにもジェンダー関係において支配と従属があるし、さらには階級関係においても支配と従属はあるということだ。人種が社会的な重圧の唯一の軸になっているとわたしは言いたいのではない。ただ、わたしは人種に焦点を絞りたい。そういうキメラ的存在、つまり人種、階級、ジェンダーの重圧を統一的に理論化するものがない状態では、総括を繰り返すしかないようにわたしには思われるのだ。そういった総括にあらゆる点で力を持たせようと思えば、文体的にはまとまりの悪いものになるだろう。そういうわけで、こういった総括は読んだとおりに理解されるべきなのである。とはいえ、ここでわたしが言いたいことは、わたしの総括はおおよそのところ正確なものだということ、白人たちは一般的に白人至上主義の恩恵をこうむるということ(もちろん、ジェンダーと階級の差別化は、かれらが平等に恩恵をこうむるわけではないということを意味するのだが)、さらに歴史的にも白人の人種的結束力は階級やジェンダーの結束力を圧倒してきたということである。女性、従属階級、そして非白人は虐げられているという点で共通しているかもしれない。とはいえそれは共通の迫害ではない。組織化のあり方があまりにも異なっているため、三者のあいだにはいかなる統一戦線も生じなかった。植民地主義、白人の入植、奴隷制、帝国主義、ジム・クロウ、アパルトヘイトといったものに対して、これまで白人女性も白人労働者も歴史的にひとつの集団として(思想信条をもつ個人に反対するものとして)、非白人と共同戦線を張ることはなかった。わたしたちはみな複数のアイデンティティをもっており、その程度においてはわたしたちの大半が、さまざまな支配体制によって優遇されると同時に不利益をこうむっているということだ。ただ、白人の人種的アイデンティティは一般的にほかのすべてのアイデンティティよりもまさっていた。それが植民地の建設をすすめる母国の市民であろうが、入植者であろうが、奴隷ではない人であろうが、「皮膚の色の障壁(カラー・バー)」や「皮膚の色の境界線(カラー・ライン)」の受益者であろうが、白人たちの世界や愛着、つまりその生活空間を全体的に決定づけてきたのが人種なのである(それはジェンダーを越え、階級を越える)。これに相当するような、人種を越えて自発的にまとまる「労働者」の世界などこれまでなかったし、人種を越えた「女性」の世界などもなかった。白人たちはたいてい人種という名のアイデンティティを中心にして結束を固めてきたのである。そうはいうものの、ある種の譲歩として、つまり白人のなかで特権を認められているこのジェンダーの意味論

的記号として、わたしはジェンダー化されていない中性的な言葉として「ひと（men）」という語をわざと用いることがあるだろう。この言葉があることによって、白人女性の特質ははじめから仮想的なものになり、白人男性と適切な関係をもつこと（娘、妹、妻など）でその特質が決まるのだが。こういったアイデンティティの交差の問題にかんする最近の文献としては、例えば以下を参照。Ruth Frankenberg, *White Women, Race Matters: The Social Construction of Whiteness* (Minneapolis: University of Minnesota Press, 1993); Nupur Chaudhuri and Margaret Strobel, eds., *Western Women and Imperialism: Complicity and Resistance* (Bloomington: Indiana University Press, 1992); David Roediger, *The Wages of Whiteness: Race and the Making of the American Working Class* (London: Verso, 1991)〔デイヴィッド・R・ローディガー『アメリカにおける白人意識の構築——労働者階級の形成と人種』小原豊志・竹中興慈・井川眞砂・落合明子訳、明石書店、2006年〕.

(4) Rousseau, *Social Contract*〔ルソー『社会契約論／ジュネーヴ草稿』〕; Hobbes, *Leviathan*〔『世界の名著23 ホッブズ リヴァイアサン』〕.

(5) この二つの考え方にかんする議論については以下を参照。Kymlicka, "The Social Contract Tradition."

(6)「**不公正**というのは、契約の不履行以外のなにものでもない」(*Leviathan*, p. 100〔『世界の名著23 ホッブズ リヴァイアサン』172頁〕）というホッブズの判断がこれまで一般的に道徳慣習論者の見解とされてきた。ホッブズの平等主義的社会道徳は、人間の道徳的均一性にもとづくものではなく、自然状態で身体的な力と精神的な力がだいたい均等になっているという事実にもとづくものである（13章)。この枠組みで考えるなら、領土拡大を目指すヨーロッパとそれ以外の世界とのあいだに生じる力の体系的な不均衡——個人の力というよりも武力の——から人種契約という発想が出てきてもおかしくはないだろう。こういったことはヒレア・ベロックの有名な一節に要約されているといってもいいだろう。「なにが起ころうとも、われわれにはマキシム式連射機関銃がある。かれらにはそれがない」。Hilaire Belloc, "The Modern Traveller," quoted in John Ellis, *The Social History of the Machine Gun* (1975; rpt. Baltimore: Johns Hopkins Paperbacks, 1986), p. 94〔ジョン・エリス『機関銃の社会史』越智道雄訳、平凡社、1993年、152–153頁〕. もっと時代をさかのぼれば、南北アメリカ大陸征服時のマスケット銃や鋼鉄の剣など。

(7) 例えば以下を参照。A. P. d'Entrèves, *Natural Law: An Introduction to Legal Philosophy*, 2d rev. ed. (1951; rpt. London: Hutchinson, 1970)〔A・P・ダントレーヴ『自然法』久保正幡訳、岩波書店、1952年、新装版2006年〕.

(8) Locke, *Second Treatise of Two Treatises of Government*, p. 269〔ロック『市民政府論』10頁〕.

(9) Kant, *Metaphysics of Morals*, pp. 230–32〔『カント全集第11巻 人倫の形而上学』166–170頁〕.

(10) 以下を参照。Arthur O. Lovejoy, *The Great Chain of Being: A Study of the History of an Idea* (Cambridge: Harvard University Press, 1948)〔アーサー・O・ラヴジョイ『存在の大いなる連鎖』内藤健二訳、ちくま学芸文庫、2013年〕.

(11)「認識論的な共同体」という発想についてはフェミニズム理論の最近の研究を参照。例えば、Linda Alcoff and Elizabeth Potter, eds., *Feminist Epistemologies* (New York: Routledge, 1993).

(12) ネイティヴ・アメリカンのウォード・チャーチルは「支配民族の幻想」を茶化している。Ward Churchill, *Fantasies of the Master Race: Literature, Cinema, and the Colonization of American Indians*, ed. M. Annette Jaimes (Monroe, Maine: Common Courage Press, 1992); William Gibson, *Neuromancer* (New York: Ace Science Fiction Books, 1984)〔ウィリアム・ギブスン『ニューロマンサー』黒丸尚訳、ハヤカワ文庫、1986年〕.

(13) Robert Young, *White Mythologies: Writing History and the West* (London: Routledge, 1990), Edward W. Said, *Orientalism* (1978, rpt. New York: Vintage Books, 1979)〔エドワード・W・サイード『オリエンタリズム』上・下、板垣雄三・杉田英明監修、今沢紀子訳、平凡社ライブラリー、1993年〕; V. Y. Mudimbe, *The Invention of Africa: Gnosis, Philosophy, and the Order of Knowledge* (Bloomington: Indiana University Press, 1988); Enrique Dussel, *The Invention of the Americas: Eclipse of "the Other" and the Myth of Modernity*, trans. Michael D. Barber (1992, rpt. New York: Continuum, 1995); Robert Berkhofer Jr., *The White Man's Indian: Images of the American Indian from Columbus to the Present* (New York: Knopf, 1978); Gretchen M. Bataille and Charles L. P. Silet, eds., *The Pretend Indians: Images of Native Americans in the Movies* (Ames: Iowa State University Press, 1980); George M. Fredrickson, *The Black Image in the White Mind: The Debate on Afro-American Character and Destiny, 1817–1914* (1971; rpt. Hanover, N.H.: Wesleyan University Press, 1987); Roberto Fernández Retamar, *Caliban and Other Essays*, trans. Edward Baker (Minneapolis: University of Minnesota Press, 1989); Peter Hulme, *Colonial Encounters: Europe and the Native Caribbean, 1492–1797* (1986; rpt. London: Routledge, 1992)〔ピーター・ヒューム『征服の修辞学――ヨーロッパとカリブ海先住民、1492–1797年』岩尾竜太郎・本橋哲也・正木恒夫訳、法政大学出版局、1995年〕.

(14) Frederick Engels, *The Origin of the Family, Private Property, and the State* (New York: International, 1972), p. 120〔エンゲルス『家族・私有財産・国家の起源』戸原四郎訳、岩波文庫、1965年、75頁〕.

(15) Jean-Paul Sartre, Preface to Franz Fanon, *The Wretched of the Earth*, trans. Constance Farrington (1961; rpt. New York: Grove Weidenfeld, 1991)〔ジャン゠ポール・サルトル「序」、フランツ・ファノン『地に呪われたる者』鈴木道彦・浦野衣子訳、みすず書房、1996年〕.

(16) V. G. Kiernan, *The Lords of Human Kind: Black Man, Yellow Man, and White Man in an Age of Empire* (1969; rpt. New York: Columbia University Press, 1986); Anthony Pagden, *Lords of All the World: Ideologies of Empire in Spain, Britain, and France, c. 1500-c. 1800* (New Haven: Yale University Press, 1995).

(17) Pagden, *Lords*, pp. 1–2.

(18) Robert A. Williams Jr., "The Algebra of Federal Indian Law: The Hard Trail of Decolonizing and Americanizing the White Man's Indian Jurisprudence," *Wisconsin Law Review* 1986 (1986): 229. さらに以下も参照。Robert A. Williams Jr., *The American Indian in Western Legal Thought: The Discourses of Conquest* (New York: Oxford University Press, 1990).

(19) Williams, "Algebra," pp. 230–31, 233. さらに以下も参照。 Lewis Hanke, *Aristotle and the American Indians: A Study in Race Prejudice in the Modern World* (Bloomington: Indiana University Press, 1959), p. 19.

(20) Williams, "Algebra"; Hanke, *Aristotle*.

(21) Allen Carey-Webb, "Other-Fashioning: The Discourse of Empire and Nation in Lope de Vega's *El Nuevo mundo descubierto por Cristobal Colon*," in *Amerindian Images and the Legacy of Columbus*, ed. René Jara and Nicholas Spadaccini, Hispanic Issues, 9 (Minneapolis: University of Minnesota Press, 1992), pp. 433–34.

(22) Philip D. Curtin, Introduction, to *Imperialism*, ed. Curtin (New York: Walker, 1971), p. xiii.

(23) Pierre L. van den Berghe, *Race and Racism: A Comparative Perspective*, 2d ed. (New York: Wiley, 1978).

(24) Pagden, *Lords*, chap. 1.

(25) Williams, "Algebra," p. 253.

(26) ジョセフ・ストーリー判事については以下に引用あり。 Williams, "Algebra," p. 256.

(27) *Dred Scott* v. *Sandford*, 1857, in *Race, Class, and Gender in the United States: An Integrated Study*, ed. Paula S. Rothenberg, 3d ed. (New York: St. Martin's Press,

1995), p. 323.

(28) 以下からの抜粋。 Jules Harmand, *Domination et colonisation* (1910), in Curtin, *Imperialism*, pp. 294–98.

(29) Edward W. Said, *Culture and Imperialism* (New York: Knopf, 1993), pp. xiv, xiii〔エドワード・W・サイード『文化と帝国主義 1』大橋洋一訳、みすず書房、1998年、5、6頁〕.

(30) Harold R. Isaacs, "Color in World Affairs," *Foreign Affairs* 47 (1969): 235, 246. See also Benjamin P. Bowser, ed., *Racism and Anti-Racism in World Perspective* (Thousand Oaks, Calif: Sage, 1995).

(31) Helen Jackson, *A Century of Dishonor: A Sketch of the United States Government's Dealings with Some of the Indian Tribes* (1881; rpt. New York: Indian Head Books, 1993). この古典的な暴露本のなかで、ジャクソンは次のように結論づけている。「インディアンの歴史にかんする記録のどこを開こうがそれほど違いはない。どのページにも、どの年にも、黒いしみがついている。ある部族の話は、すべての部族にも言える。時間と場所が異なっているだけだ。……いま（1880年）でも合衆国政府は当時（1795年）と変わらず巧みに約束を破る。長く続いている慣習から巧妙さがいっそう増している」(pp. 337–38)。注目すべきなのは、ジャクソン自身がネイティヴ・アメリカンを「より権利をもたない」存在として見ていることである。「教養ある発見者が、野蛮な未開人に対して最終的な主権をもつことの公正さ」が問題になることはなかったからである。違った考え方をすれば、それはたんなる「弱々しい感傷主義」ということになったのだろう（pp. 10–11)。ただ、かの女はせめてこの劣等な権利を認めさせたいと思っていた。

(32) 一例として以下を参照。David E. Stannard, *American Holocaust: Columbus and the Conquest of the New World* (New York: Oxford University Press, 1992).

(33) Richard Drinnon, *Facing West: The Metaphysics of Indian-Hating and Empire-Building* (New York: Meridian, 1980), p. 332.

(34) Ibid., p. 102. 以下も参照。Reginald Horsman, *Race and Manifest Destiny: The Origins of American Racial Anglo-Saxonism* (Cambridge: Harvard University Press, 1981); and Ronald Takaki, *Iron Cages: Race and Culture in 19th-Century America* (1979; rpt. New York: Oxford University Press, 1990).

(35) A. Grenfell Price, *White Settlers and Native Peoples: An Historical Study of Racial Contacts between English-Speaking Whites and Aboriginal Peoples in the United States, Canada, Australia, and New Zealand* (1950; rpt. Westport, Conn.: Greenwood Press, 1972); A. Grenfell Price, *The Western Invasions of the Pacific and Its Continents* (Oxford: Clarendon Press, 1963); van den Berghe, *Race*;

Louis Hartz, *The Founding of New Societies: Studies in the History of the United States, Latin America, South Africa, Canada, and Australia* (New York: Harcourt, Brace, and World, 1964); F. S. Stevens, ed., *Racism: The Australian Experience*, 3 vols. (New York: Taplinger, 1972); Henry Reynolds, *The Other Side of the Frontier: Aboriginal Resistance to the European Invasion of Australia* (Harmondsworth, Middlesex: Penguin, 1982). プライスの著作は比較歴史学の貴重な資料である。ただ、当時の基準からすると進んではいるのだが、注意して扱う必要がある。そこで用いられている数字や見解はどちらもいまではやや古くなっている。例えば*White Settlers*のなかで、リオ・グランデ北部におけるインディアンの人口が85万人よりも少なく見積もられているが、今日ではその10倍から20倍多いと推定されている。さらにプライスは「インディアンが白人征服者たちよりも進んでいない」理由として、脳が小さかったからと推測している (pp. 6–7)。

(36) Van den Berghe, *Race*, p. 18.

(37) C. Vann Woodward, *The Strange Career of Jim Crow*, 3d ed. (1955; rpt. New York: Oxford University Press, 1974)〔C・V・ウッドワード『アメリカ人種差別の歴史』清水博・長田豊臣・有賀貞訳、福村出版、1998年〕; George M. Fredrickson, *White Supremacy: A Comparative Study in American and South African History* (New York: Oxford University Press, 1981); Douglas S. Massey and Nancy A. Denton, *American Apartheid: Segregation and the Making of the Underclass* (Cambridge: Harvard University Press, 1993).

(38) 例えば以下を参照。Kiernan, *Lords*; V. G. Kiernan, *Imperalism and its Contradictions*, ed. Harvey J. Kaye (New York: Routledge, 1995); D. K. Fieldhouse, *The Colonial Empires: A Comparative Survey from the Eighteenth Century* (1966; rpt. London: Macmillan, 1982); Pagden, *Lords* ; Chinweizu, *The West and the Rest of Us: White Predators, Black Slavers, and the African Elite* (New York: Vintage Books, 1975); Henri Brunschwig, *French Colonialism, 1871–1914: Myths and Realities*, trans. William Granville Brown (1964.; rpt. New York: Praeger, 1966); David Healy, *U.S. Expansionism: The Imperialist Urge in the 1890s* (Madison: University of Wisconsin Press, 1970).

(39) Said, *Culture*, p. 8〔サイード『文化と帝国主義１』38–39頁〕.

(40) Kiernan, *Lords*, p. 24.

(41) 以下の論考のなかで、リンダ・アルコフはハイブリッドな人種アイデンティティをめぐって、魅力的で明確なラテンアメリカ人の発想を概略している。Linda Alcoff "Mestizo Identity," in *American Mixed Race: The Culture of Microdiversity*, ed. Naomi Zack (Lanham, Md.: Rowman and Littlefield, 1995), pp. 257–78. ただ、残念なことに、この発想はすでに実現されて

いる。「人種民主主義」や人種－超越的メスティサヘ（混血）といったラテンアメリカ的神話、さらにはブランケアミエント（ホワイトニング）という理想の実相をめぐる解説、その地域全体の黒人や肌の黒いひとびとの継続的な従属などについては、例えば以下を参照。Minority Rights Group, ed., *No Longer Invisible: Afro-Latin Americans Today* (London: Minority Rights, 1995); and Bowser, *Racism and Anti-Racism*.

(42) Locke, *Second Treatise*, pp. 350–51〔ロック『市民政府論』128頁〕. ただし、ロックは「財産（プロパティ）」という語を権利という意味でも用いているので、これは思ったよりも一方的な政府観ではないのだが。

(43) Hobbes, *Leviathan*, p. 89〔『世界の名著23 ホッブズ リヴァイアサン』157頁〕.

(44) W. E. B. Du Bois, *Black Reconstruction in America, 1860–1880* (1935; rpt. New York: Atheneum, 1992).

(45) 以下を参照。Eric Jones, *The European Miracle* (Cambridge: Cambridge University Press, 1981)〔E・L・ジョーンズ『ヨーロッパの奇跡——環境・経済・地政の比較史』安元稔・脇村孝平訳、名古屋大学出版会、2000年〕. ここでのわたしの議論は以下に依拠している。J. M. Blaut et al., *1492: The Debate on Colonialism, Eurocentrism, and History* (Trenton, N.J.: Africa World Press, 1992); and J. M. Blaut, *The Colonizer's Model of the World: Geographical Diffusionism and Eurocentric History* (New York: Guilford Press, 1993).

(46) Blaut, *1492*; Blaut, *Colonizer's Model*.

(47) Sandra Harding, Introduction, to Harding, ed., *The "Racial" Economy of Science: Toward a Democratic Future* (Bloomington: Indiana University Press, 1993), p. 2.

(48) Eric Williams, *Capitalism and Slavery* (1944; rpt. New York: Capricorn Books, 1966)〔エリック・ウィリアムズ『資本主義と奴隷制』中山毅訳、ちくま学芸文庫、2020年〕.

(49) Walter Rodney, *How Europe Underdeveloped Africa* (1972; rpt. Washington, D.C.: Howard University Press, 1974); Samir Amin, *Eurocentrism*, trans. Russell Moore (1988: rpt. New York: Monthly Review Press, 1989); André Gunder Frank, *World Accumulation, 1492–1789* (New York: Monthly Review Press, 1978); Immanuel Wallerstein, *The Modern World System*, 3 vols. (New York: Academic Press, 1974–1988)〔イマニュエル・ウォーラーステイン『近代世界システム1730–1840s——大西洋革命の時代』川北稔訳、名古屋大学出版会、1997年〕.

(50) Blaut, *1492*, p. 3.

(51) Kiernan, *Imperialism*, pp. 98, 149.

(52) 以下に引用あり。Noam Chomsky, *Year 501: The Conquest Continues* (Boston: South End Press, 1993), p. 61.

(53) とはいえ以下のハーンスタインとマレーのベストセラー本を参照。Richard J. Herrnstein and Charles Murray *The Bell Curve: Intelligence and Class Structure in American Life* (New York: Free Press, 1994) 古いタイプの、あからさまに人種差別的な理論が復活しているかもしれないというひとつの兆候である。

(54) 例えば以下を参照。Andrew Hacker, *Two Nations: Black and White, Separate, Hostile, Unequal* (New York: Scribner's, 1992)〔アンドリュー・ハッカー『アメリカの二つの国民——断絶する黒人と白人』上坂昇訳、明石書店、1994年〕; Derrick Bell, *Faces at the Bottom of the Well: The Permanence of Racism* (New York: BasicBooks, 1992)〔デリック・ベル『人種主義の深い淵——黒いアメリカ・白いアメリカ』中村輝子訳、朝日新聞社、1995年〕; Massey and Denton, *American Apartheid*; Stephen Steinberg, *Turning Back: The Retreat from Racial Justice in American Thought and Policy* (Boston: Beacon Press, 1995); Donald R. Kinder and Lynn M. Sanders, *Divided by Color: Racial Politics and Democratic Ideals* (Chicago: University of Chicago Press, 1996); Tom Wicker, *Tragic Failure: Racial Integration in America* (New York: William Morrow, 1996).

(55) Melvin L. Oliver and Thomas M. Shapiro, *Black Wealth/White Wealth: A New Perspective on Racial Inequality* (New York: Routledge 1995), pp. 86, 7.

(56) Richard F. America, ed., *The Wealth of Races: The Present Value of Benefits from Past Injustices* (New York: Greenwood Press, 1990). 皮肉っぽいトリビュートはほかにもある。富の国際的な分配をテーマとする以下を参照。Malcolm Caldwell, *The Wealth of Some Nations* (London: Zed Press, 1977).

(57) David H. Swinton, "Racial Inequality and Reparations," in America, *Wealth of Races*, p. 156.

(58) James Marketti, "Estimated Present Value of Income Diverted during Slavery," in America, *Wealth of Races*, p. 107.

(59) Robert S. Browne, "Achieving Parity through Reparations," in America, *Wealth of Races*, p. 204; Swinton, "Racial Inequality," p. 156.

第二章　詳述

(1) 境界ヨーロッパ人や準ヨーロッパ人といった分類上の問題についてはのちほど論じる。

(2) 例えば以下を参照。Jan Nederveen Pieterse, *White on Black: Images of Africa*

and Blacks in Western Popular Culture (1990; rpt. New Haven: Yale University Press, 1992), pp. 30–31; Ronald Sanders, *Lost Tribes and Promised Lands: The Origins of American Racism* (Boston: Little, Brown, 1978), p. 202.

(3) Edward Dudley and Maximillian E. Novak, eds., *The Wild Man Within: An Image in Western Thought from the Renaissance to Romanticism* (Pittsburgh: University of Pittsburgh Press, 1972).

(4) Hayden White, "The Forms of Wildness: Archaeology of an Idea," in Dudley and Novak, *Wild Man*, p. 5.

(5) Roy Harvey Pearce, *Savagism and Civilization: A Study of the Indian and the American Mind*, rev. ed. (1953; rpt. Baltimore: Johns Hopkins Press, 1965) (original title: *The Savages of America*), p. 3.

(6) Mary Louise Pratt, "Humboldt and the Reinvention of America," in Jara and Spadaccini, *Amerindian Images*, p. 589.

(7) Mudimbe, *Invention of Africa*, pp. 15, 13.

(8) Martin Bernal, *The Fabrication of Ancient Greece, 1785–1985*, vol. 1 of *Black Athena: The Afroasiatic Roots of Classical Civilization* (New Brunswick, N.J.: Rutgers University Press, 1987)〔マーティン・バナール『ブラック・アテナ——古代ギリシア文明のアフロ・アジア的ルーツ 1』片岡幸彦監訳、新評論、2007年〕. 黒人のコミュニティ（アフリカ人のものもアフリカ系アメリカ人のものも）にはこういった主張がずいぶん前から存在する。この点については、例えば以下を参照。Cheikh Anta Diop, *The African Origin of Civilization: Myth or Reality*, trans. Mercer Cook (1955, 1967; rpt. Westport, Conn.: Lawrence Hill, 1974).

(9) Harding, *"Racial" Economy*, p. 27.

(10) Joseph Conrad, *Heart of Darkness*, ed. Paul O'Prey (1902; rpt. London: Penguin Books, 1983), p. 33〔ジョーゼフ・コンラッド『闇の奥』中野好夫訳、岩波文庫、1958年、14頁〕.

(11) Scott B. Cook, *Colonial Encounters in the Age of High Imperialism* (New York: HarperCollins World History Series, 1996), p. 104.

(12) Mudimbe, *Invention of Africa*, p. 71.

(13) Sanders, *Lost Tribes*, pp. 9–12.

(14) Drinnon, *Facing West*, pp. 122–23, 105, 66.

(15) この映画の分析については、例えば以下を参照。Michael Ryan and Douglas Kellner, *Camera Politica: The Politics and Ideology of Contemporary Hollywood Film* (Bloomington: Indiana University Press, 1988).

(16) David Theo Goldberg, *Racist Culture: Philosophy and the Politics of Meaning* (Cambridge, Mass.: Blackwell, 1993), p. 185, またより一般的な論としては

以下を参照。Chap. 8, "'Polluting the Body Politic': Race and Urban Location," pp. 185–205.

(17) Fanon, *Wretched of the Earth*, pp. 38–40〔ファノン『地に呪われたる者』38–40頁〕.

(18) Franke Wilmer, *The Indigenous Voice in World Politics: Since Time Immemorial* (Newbury Park, Calif.: Sage, 1993).

(19) Locke, *Second Treatise*, p. 301〔ロック『市民政府論』54頁〕.

(20) Francis Jennings, *The Invasion of America: Indians, Colonialism, and the Cant of Conquest* (1975; rpt. New York: Norton, 1976), pt. 1.

(21) Ibid, p. 16. さらに以下を参照。Stannard, *American Holocaust*, chaps. 1 and 2. 南北アメリカ大陸におけるコロンブス以前の人口の推定について、ここ数年で修正されている数字が指数関数的に増えているということ、さらにどのような政治的背景でもってかつて低く見積もられていたのかということ、そのあたりの説明がなされている。半世紀前、南北アメリカ大陸の人口は800万人、メキシコ北部では100万人というのが標準的な数字だった。ところが今日では、この数字がそれぞれ1億4500万人、1800万人となっている。Stannard, *American Holocaust*, p. 11.

(22) Drinnon, *Facing West*, pp. 49, 212, 232.

(23) 以下の公式文書から引用。A. Barrie Pittock, "Aboriginal Land Rights," in Stevens, *Racism* 2:192.

(24) Leonard Thompson, *The Political Mythology of Apartheid* (New Haven: Yale University Press, 1985), p. 75.

(25) Drinnon, *Facing West*, p. 213.

(26) Russel Ward, "An Australian Legend," *Royal Australian Historical Society Journal and Proceedings* 47, no. 6 (1961): 344, (M. C. Hartwig, "Aborigines and Racism: An Historical Perspective," in Stevens, *Racism* 2:9 より引用)

(27) 古典的な分析としては以下を参照。Frantz Fanon, *Black Skin, White Masks*, trans. Charles Lam Markmann (1952; rpt. New York: Grove Weidenfeld, 1968)〔フランツ・ファノン『黒い皮膚・白い仮面』海老坂武・加藤晴久訳、みすず書房、1998年〕. 最近の研究では以下を参照。Lewis R. Gordon, *Bad Faith and Antiblack Racism* (Atlantic Highlands, N.J.: Humanities Press, 1995), esp. chaps. 7, 14, and 15, pp. 29–44. 97–103, 104–16.

(28) Gordon, *Bad Faith*, pp. 99, 105.

(29) Frankenberg, *White Women*, chap. 3.

(30) Fanon, *Black Skin*〔ファノン『黒い皮膚・白い仮面』〕; Charles Herbert Stember, *Sexual Racism: The Emotional Barrier to an Integrated Society* (New York: Elsevier, 1976); John D'Emilio and Estelle B. Freedman, *Intimate Mat-*

ters: A History of Sexuality in America (New York: Harper and Row, 1988), chap. 5, "Race and Sexuality," pp. 85–108.

(31) Susan Mendus, "Kant: 'An Honest but Narrow-Minded Bourgeois'?" in *Women in Western Political Philosophy*, ed. Ellen Kennedy and Susan Mendus (New York: St. Martin's Press, 1987), pp. 21–43.

(32) Aristotle, *The Politics*, trans. T. A. Sinclair (1962; rev. ed. Harmondsworth, Middlesex: Penguin, 1981), pp. 63–73〔田中美知太郎編『世界の名著8　アリストテレス』中央公論社、1979年、249–251頁〕.

(33) White, "Forms of Wildness," p. 17.

(34) Jennings, *Invasion of America*, p. 6.

(35) 白人至上主義的な「規範化の眼差し」が近代においてどのように出現してきたかはコーネル・ウェストの以下の記述を参照。"A Genealogy of Modern Racism," chap. 2 of *Prophesy Deliverance!: An Afro-American Revolutionary Christianity* (Phildelphia: Westminster Press, 1982), pp. 47–65.

(36) M. I. Finley, *Ancient Slavery and Modern Ideology* (New York: Viking Press, 1980), p. 144.

(37) Lucius Outlaw Jr., "Life-Worlds, Modernity, and Philosophical Praxis: Race, Ethnicity, and Critical Social Theory," in Outlaw, *On Race and Philosophy* (New York: Routledge, 1996), p. 165.

(38) 以下に引用あり。Drinnon, *Facing West*, p. 75.

(39) Said, *Culture and Imperialism*, pp. 52, 59〔サイード『文化と帝国主義1』113–125頁〕.

(40) Orlando Patterson, *Freedom in the Making of Western Culture*, vol. 1 of *Freedom* (New York: Basic Books, 1991).

(41) Toni Morrison, *Playing in the Dark: Whiteness and the Literary Imagination* (Cambridge: Harvard University Press, 1992)〔トニ・モリスン『白さと想像力——アメリカ文学の黒人像』大社淑子訳、朝日新聞社、1994年〕.

(42) 以下に引用あり。Pearce, *Savagism*, pp. 7–8.

(43) 議論のために、例えば以下を参照。Stephen Jay Gould, *The Mismeasure of Man* (New York and London: Norton, 1981)〔スティーヴン・J・グールド『人間の測りまちがい——差別の科学史［増補改訂版］』鈴木善次・森脇靖子訳、河出書房新社、1998年〕; and William H. Tucker, *The Science and Politics of Racial Research* (Urbana: University of Illinois Press, 1994). タッカーは次のようにはっきりと述べている。「科学的な武器を用いているとはいえ、この論争の目的はつねに政治的なものだった」(p. 5)。

(44) Harmannus Hoetink, *Caribbean Race Relations: A Study of Two Variants*, trans. Eva M. Hooykaas (1962; rpt. London: Oxford University Press, 1967).

(45) George L. Mosse, *Toward the Final Solution: A History of European Racism* (1978; rpt. Madison: University of Wisconsin Press, 1985), pp. xii, 11.

(46) Winthrop D. Jordan, *White over Black: American Attitudes toward the Negro, 1550–1812* (1968; rpt. New York: Norton, 1977).

(47) Franklin, *Observations Concerning the Increase of Mankind* (1751), 以下に引用あり。*White over Black,* pp. 270, 143.

(48) 例えば以下を参照。Kathy Russell, Midge Wilson, and Ronald Hall, *The Color Complex: The Politics of Skin Color among African Americans* (New York: Harcourt Brace Jovanovich, 1992).

(49) Frank M. Snowden Jr., *Blacks in Antiquity: Ethiopians in the Greco-Roman Experience* (Cambridge: Harvard University Press, 1970); Frank M. Snowden Jr., *Before Color Prejudice: The Ancient View of Blacks* (Cambridge: Harvard University Press, 1983).

(50) Theodore W. Allen, *Racial Oppression and Social Control,* vol. 1 of *The Invention of the White Race* (New York: Verso, 1994); Ian F. Haney López, *White by Law: The Legal Construction of Race* (New York: New York University Press, 1996).

(51) Jennings, *Invasion of America,* p. 60.

(52) Hugo Grotius, *The Law of War and Peace,* trans. Francis W. Kelsey (Indianapolis: Bobbs-Merrill, 1925), chap. 20, "On Punishments," of bk. 2, p. 506. 以下に引用あり。Williams, "Algebra," p. 250.

(53) その後のことについては以下を参照。James Tully, *Strange Multiplicity: Constitutionalism in an Age of Diversity* (Cambridge: Cambridge University Press, 1995), esp. chap. 3, "The Historical Formation of Modern Constitutionalism: The Empire of Uniformity," pp. 58–98. この本に目を向けることができたのはアンソニー・レイデンのおかげである。その存在を知ったのはこの原稿がまもなく完成するというときだった。

(54) Hobbes, *Leviathan,* p. 89〔『世界の名著23 ホッブズ リヴァイアサン』157–158頁〕.

(55) Richard Ashcraft, "Leviathan Triumphant: Thomas Hobbes and the Politics of Wild Men," in Dudley and Novak, *Wild Man,* pp. 146–47.

(56) Hobbes, *Leviathan,* pp. 89–90〔『世界の名著23 ホッブズ リヴァイアサン』158頁〕.

(57) 一方、200年後に、イギリスの植民事業が存在論的二分法をともないながら、あまりにも深く浸透したため、ジョン・スチュアート・ミルは少しも良心の呵責を感じることなく（いまでは個人主義と自由に対する人道主義的な古典的擁護と見なされているエッセイのなかで）次のように言うことができた。自由主義的な人権原則は「その能力が成熟した人間

にのみ適用されるものであり」、「人種そのものが未熟と見なされるような後退的な状態にある社会」に対しては適用されない。「専制政治というのは、未開人たちを扱ううえで、結果的にかれらの改善につながるのであれば、まっとうな統治形態なのである」。John Stuart Mill, *On Liberty and Other Writings*, ed. Stefan Collini (Cambridge: Cambridge University Press, 1989), p. 13〔J・S・ミル『自由論』塩尻公明・木村健康訳、岩波文庫、1971年、25頁〕.

(58) Locke, *Second Treatise*, chap. 5, "Of Property"〔ロック『市民政府論』「第5章 所有権について」〕.

(59) Robert A. Williams Jr., "Documents of Barbarism: The Contemporary Legacy of European Racism and Colonialism in the Narrative Traditions of Federal Indian Law," *Arizona Law Review* 237 (1989). 以下に抜粋あり。*Critical Race Theory: The Cutting Edge*, ed. Richard Delgado (Philadelphia: Temple University Press, 1995), p. 103.

(60) Locke, *Second Treatise*, chap. 16, "On Conquest"〔ロック『市民政府論』「第16章 征服について」〕.

(61) 例えば以下を参照。Jennifer Welchman, "Locke on Slavery and Inalienable Rights," *Canadian Journal of Philosophy* 25 (1995), 67–81.

(62) Rousseau, *Discourse on Inequality*. 非白人の野蛮人についてはpp. 83, 87, 90, 136, 140, 145〔ルソー『人間不平等起源論』64, 72, 79–112, 194–195, 202–206頁〕, ヨーロッパの野蛮人についてはp. 140〔同195–196頁〕を参照〕.

(63) Ibid., p. 116〔ルソー『人間不平等起源論』140頁〕.

(64) Rousseau, *Social Contract*, bk. 1, chap. 8〔ルソー『社会契約論』第一篇第八章〕.

(65) Emmanuel Eze, "The Color of Reason: The Idea of 'Race' in Kant's Anthropology," in *Anthropology and the German Enlightenment*, ed. Katherine Faull (Lewisburg, Pa.: Bucknell University Press, 1995), pp. 196–237.

(66) エゼはアール・カウントが1950年に示した次のような見解を引用している。「イマヌエル・カントは18世紀におけるもっとも深淵な理性的・論理的思考を生みだした」ということを学者はよく忘れる。Earl W Count, ed., *This Is Race: An Anthology Selected from the International Literature on the Races of Man* (New York: Henry Schuman, 1950), p. 704. 以下に引用あり。Eze, "Color of Reason," p. 196. カントは「人種という近代的概念の生みの親である」というドイツの人類学者ヴィルヘルム・ミュールマンが1967年に下した判断と比較せよ。この点については以下に引用あり。Leon Poliakov, "Racism from the Enlightenment to the Age of Imperialism," in

Racism and Colonialism, ed. Robert Ross (The Hague: Leiden University Press, 1982), p. 59.

(67) Mosse, *Final Solution*, pp. 30–31.

(68) Immanuel Kant, Observations on the Feeling of the Beautiful and Sublime, trans. John T. Goldthwait (Berkeley: University of California Press, 1960), pp. 111–13〔『カント全集第3巻 前批判期論集 (2)』川戸好武訳、理想社、1965年、66–69頁〕.

(69) Eze, "Color of Reason," pp. 214–15, 209–15, 217.

(70) 以下を参照。David Lehman, *Signs of the Times: Deconstruction and the Fall of Paul de Man* (New York: Poseidon Press, 1991).

(71) Janet L. Abu-Lughod, *Before European Hegemony: The World System, A.D. 1250–1350* (New York: Oxford University Press, 1989).

(72) Fredric Jameson, "Modernism and Imperialism," in *Nationalism, Colonialism, and Literature*, ed. Seamus Deane (Minneapolis: University of Minnesota Press, 1990), pp. 50–51〔S・ディーン、T・イーグルトン、F・ジェイムスン、E・W・サイード『民族主義・植民地主義と文学』増渕正史・安藤勝夫・大友義勝訳、法政大学出版局、1996年、59頁〕.

(73) Steinberg, *Turning Back*, p. 152.

(74) Massey and Denton, *American Apartheid*, pp. 84, 97–98.

(75) Morrison, *Playing*, p. 46〔トニ・モリスン『白さと想像力』78–79頁〕.

(76)「美化をともなう」抽象化にかんする議論については以下を参照。Onora O'Neill, "Justice, Gender, and International Boundaries," in *The Quality of Life*, ed. Martha Nussbaum and Amartya Sen (Oxford: Clarendon Press, 1993), pp. 303–23〔原書の第一部のみ以下に翻訳がある。マーサ・ヌスバウム、アマルティア・セン編著『クオリティー・オブ・ライフ――豊かさの本質とは』竹友安彦監修・水谷めぐみ訳、里文出版、2006年。ただし該当箇所の翻訳はない〕.

(77) Patricia J. Williams, *The Alchemy of Race and Rights* (Cambridge: Harvard University Press, 1991), pp. 116, 49.

(78) Bill E. Lawson, "Moral Discourse and Slavery," in Howard McGary and Bill E. Lawson, *Between Slavery and Freedom: Philosophy and American Slavery* (Bloomington: Indiana University Press, 1992), pp. 71–89.

(79) Anita L. Allen, "Legal Rights for Poor Blacks," in *The Underclass Question*, ed. Bill E. Lawson (Philadelphia: Temple University Press, 1992), pp. 117–39.

(80) Rawls, *Theory of Justice*〔ロールズ『正義論』〕; Robert Norzick, Anarchy, *State, and Utopia* (New York: Basic Books, 1974)〔ロバート・ノージック『アナーキー・国家・ユートピア――国家の正当性とその限界』嶋津格訳、木

鐸社、1992年〕.

(81) Isaacs, "Color," p. 235.

(82) Earl Miner, "The Wild Man through the Looking Glass," in Dudley and Novak, *Wild Man,* pp. 89–90.

(83) Jordan, *White over Black,* p. 254.

(84) Drinnon, *Facing West,* p. xvii. ただしアイルランド人が実際は非白人とされている対照的な立場にかんしては以下を参照。Allen, *Invention of the White Race.*

(85) Noel Ignatiev, *How the Irish Became White* (New York: Routledge, 1995).

(86) John W. Dower, *War without Mercy: Race and Power in the Pacific War* (New York: Pantheon Books, 1986)〔ジョン・W・ダワー『容赦なき戦争——太平洋戦争における人種差別』猿谷要監修・斎藤元一訳、平凡社ライブラリー、2001年〕.

(87) Gary Y. Okihiro, "Is Yellow Black or White?" in *Margins and Mainstreams: Asians in American History and Culture* (Seattle: University of Washington Press, 1941), pp. 31–63.

(88) Sir Robert Filmer, *Patriarcha and Other Writings,* ed. Johann P. Sommerville (Cambridge: Cambridge University Press, 1991)〔ロバート・フィルマー「家父長制君主論(パトリアーカ)」、『フィルマー著作集』伊藤宏之・渡部秀和訳、京都大学学術出版会、2016年〕.

(89) この点についてはここでさらに論じておいてもいいだろう。もっとうまく公式化するなら、人種契約の諸項目によると、実際はこういったものは同じ犯罪ではないということ、アイデンティティの条件は加害者に応じて変わるのであって、本当に矛盾はないということである。矛盾があるかどうかの判断をする際に、その背景として想定されているのは社会契約なのである。

(90) ニューヨークのNAACP法務防衛教育基金によると、死刑制度が再導入されてから処刑された380人のうち、黒人を殺害した廉で有罪とされた白人はわずか5人だけだった。

(91) William Brandon, *The American Heritage Book of Indians* (New York: Dell, 1964), p. 327. Jan P. Nederveen Pieterse, *Empire and Emancipation: Power and Liberation on a World Scale* (New York: Praeger, 1989), p. 313より引用。

(92) Kiernan, *Lords,* pp. 198, 47.

(93) Locke, *Second Treatise,* p. 274〔ロック『市民政府論』17頁〕.

(94) Ralph Ginzburg, ed., *100 Years of Lynchings* (1962; rpt. Baltimore: Black Classic Press, 1988).

(95) C. J. Dashwood 以下より引用。Price, *White Settlers,* p. 114. ある白人入植者

は「槍で突かれた復讐として、目についた現地人を37人射殺した」(Ibid., p. 115)。

(96) Frederick Douglass, *Narrative of the Life of Frederick Douglass, an American Slave* (New York: Viking Penguin, 1982), p. 135〔フレデリック・ダグラス『アメリカの奴隷制を生きる――フレデリック・ダグラス自伝』樋口映美監修、専修大学文学部歴史学科南北アメリカ史研究会訳、彩流社、2016年、139頁〕.

(97) Carter G. Woodson, *The Mis-Education of the Negro* (1933; rpt. Nashville, Tenn.: Winston-Derek, 1990).

(98) James Baldwin, *Nobody Knows My Name: More Notes of a Native Son* (1961; rpt. New York: Vintage International, 1993), p. 96.

(99) Pieterse, *Empire and Emancipation*, p. 317.

(100) 以下より引用。*Survival International Review* 4, no. 2 (1979), in Moody, *Indigenous Voice*, p. 248.

(101) Jerry Gambill, "Twenty-one Ways to 'Scalp' an Indian," 1968 speech, in Moody, *Indigenous Voice*, pp. 293–95. 以下より引用。*Akwesasne Notes* 1, no. 7 (1979).

(102) Fanon, *Black Skin*〔ファノン『黒い皮膚・白い仮面』〕.

(103) *Blackisms.* 以下より引用。*Mureena*, Aboriginal Student Newspaper, 2, no. 2 (1972), in Moody, *Indigenous Voice*, pp. 290–92.

(104) Ngũgĩ wa Thiong'o, *Decolonising the Mind: The Politics of Language in African Literature* (London: James Currey, 1986), pp. 3, 12〔グギ・ワ・ジオンゴ『[増補新版] 精神の非植民地化――アフリカ文学における言語の政治学』宮本正興・楠瀬佳子訳、第三書館、2010年、44–45頁〕.

第三章 「人種契約」理論の「自然化された」利点

(1) Susan Moller Okin, *Women in Western Political Thought* (1979; rpt. Princeton: Princeton University Press, 1992)〔スーザン・モラー・オーキン『政治思想のなかの女――その西洋的伝統』田林葉・重森臣広訳、晃洋書房、2010年〕.

(2) ヒュームにかんしては1753–54年版のエッセイ "Of National Characters"〔デヴィッド・ヒューム「国民性について」、『道徳・政治・文学論集』田中敏弘訳、名古屋大学出版会、2011年、171–184頁〕を参照。以下に引用あり。Jordan, *White over Black*, p. 253. Georg Wilhelm Friedrich Hegel, Introduction to *The Philosophy of History*, trans. John Sibree (New York: Dover, 1956), pp. 91–99〔『ヘーゲル全集10 改訳 歴史哲学 (上巻)』武市健人訳、岩波書店、1954年、140–150頁〕. とくにロックとミルにかんする詳細な

批判、さらには両者の「植民地主義的自由主義」については以下を参照。Bhikhu Parekh, "Decolonizing Liberalism," in *The End of "Isms"? Reflections on the Fate of Ideological Politics after Communism's Collapse*, ed. Aleksandras Shtromas (Cambridge, Mass.: Blackwell, 1994), pp. 85–103. さらにBhikhu Parekh, "Liberalism and Colonialism: A Critique of Locke and Mill," in *The Decolonization of Imagination: Culture, Knowledge and Power*, ed. Jan P. Nederveen Pieterse and Bhikhu Parekh (London: Zed Books, 1995), pp. 81–98.

(3) ミルに対して公平を期すなら、英領西インド諸島における黒人の扱いについて、かれがトマス・カーライルと交わした有名なやりとりがある。そこでかれは「進歩的な」(もちろん比較的にということだが) 社会統治体に支持を表明している。この点については以下を参照。*Thomas Carlyle: The Nigger Question; John Stuart Mill: The Negro Question*, ed. Eugene R. August (New York: Appleton-Century-Crofts, Crofts Classics, 1971). ただし、ここでは基本的にその植民地的統治体制がどれだけ人道的かというその違いが問題となっているのであって、搾取にもとづく政治－経済体制としての植民地主義そのものが批判されているわけではない。

(4) Alvin I. Goldman, "Ethic and Cognitive Science," *Ethics* 103 (1993): 337–60. この両者のあいだで展開される対話についてはさらに以下を参照。*Mind and Morals: Essays on Ethics and Cognitive Science*, ed. Larry May, Marilyn Friedman, and Andy Clark (Cambridge: MIT Press, 1996).

(5) 以下を参照。Frankenberg, *White Women*. そこではかつての本質主義的レイシズムと、本質的「同一性」、「肌の色に対する盲目性」、「肌の色や権力を回避する」言語にもとづく現在の言説とが区別されている。前者は「本質的な生物学的不平等という序列的関係性において理解される人種的相違を強調する」ものであり、後者は「わたしたちがみな肌にかんしては同一である」と主張し、「レイシズムの構造的で制度的な側面」を無視することで、「アメリカ社会においては実質的にみな同一の機会が与えられている」ということをそれとなく示すものである。結局、「それが達成できないのは有色人種たち自身に問題があるからだ」ということにされるのだ (pp. 14, 139)。

(6) 例えば、ドナルド・キンダーとリン・サンダーズは、人種にたいするアメリカ人の態度にかんする分析において次のように結論づけている。公共政策が抱える多くの問題にかんして、「[個人的な] 自己の利益はまったく重要でないということが分かる」と。重要なのは集団の利益、つまり「個人的な利益というよりも集合的な利益」なのである。それは不利益を相対的なものと見なすことであり、「客観的な条件というよりも、社会的な比較にもとづくもの」、いわば「集団の相対的不利益」という

考えにもとづくものなのである。ここから見えてくるのは、「アメリカ人の生活において人種ほど顕著な区別をもたらすものはない」ということであって、人種こそがもっとも重要な社会集団なのだということである。「人種にかんする白人の見解のなかで、利益の問題が顕著なかたちで出てくるうちは、白人ひとりひとりの幸福ではなく、白人全体の幸せに対する脅威として黒人たちが立ち現れてくるというかたちになるのだ」。*Divided by Color*, pp. 262–64, 252, 85.

(7) Susan V. Opotow, ed., "Moral Exclusion and Injustice," Journal of Social Issues, 46, special issue (1990). 以下に引用あり。Wilmer, *Indigenous Voice*.

(8) 議論のために以下を参照。Cheryl I. Harris, "Whiteness as Property," Harvard Law Review 106 (1993): 1709–91. さらにWelchman, "Locke on Slavery."

(9) オールド・サウスの「人種エチケット」については以下の記録を参照。John Dollard's *Caste and Class in a Southern Town*, 3d ed. (1937; rpt. New York: Doubleday Anchor, 1957). さらに、例えばウィリアム・フォークナーやリチャード・ライトの小説においてもこの点は探究されている。"The Ethics of Living Jim Crow" (1937), in *Bearing Witness: Selections from African-American Autobiography in the Twentieth Century*, ed. Henry Louis Gates Jr. (New York: Pantheon Books, 1991), pp. 39–51.

(10) キーナンが引用しているのは、奴隷制について多くの白人が抱いている考え（「黒人はヨーロッパ人よりも神経が鈍くて、痛みを感じにくい」）である。*Lords*, p. 199.

(11) Ralph Ellison, *Invisible Man* (1952; rpt. New York: Vintage Books, 1972), pp. 3, 14〔ラルフ・エリスン『見えない人間（上）』松本昇訳、白水社、2020年、29–45頁〕.

(12) Baldwin, *Nobody Knows*, p. 172; James Baldwin, *The Fire Next Time* (1963; rpt. New York: Vintage International, 1993), pp. 53–54.

(13) Drinnon, *Facing West*, pp. 138–39.

(14) W. E. H. Stanner, *After the Dreaming* (Sydney: Boyer Lectures, 1968), p. 25. 以下に引用あり。Hartwig, "Aborigines and Racism" in Stevens, *Racism* 2:10.

(15) Gordon, *Bad Faith*, pp. 8, 75, 87.

(16) 以下を参照。David Stannard, *American Holocaust*. こういった告発に対する標準的な反応は、ネイティヴ・アメリカンの大多数が、実際は戦争や一般的な虐待よりも病気で命を奪われたのだと主張することである。それに対してスタナードは次のように答えている。こういった標準的な見解を裏づけるような事実的根拠が提示されたことはない。たとえそれが本当のことであったとしても、責任の問題はなお残るだろう。ユダヤ人がゲットーや強制収容所で病気や栄養失調、さらに過労によって死んだこ

とに対する道義的な責任はナチスにあるとわたしたちが考えるのと同じである。200万人以上のユダヤ人が、毒ガスや射殺ではなく、こういったことが原因で実際に亡くなったと推定する学者もいる。例えば、以下を参照。Raul Hilberg, *The Destruction of the European Jews*. rev. and definitive ed., 3 vols. (New York: Holmes and Meier, 1985)〔ラウル・ヒルバーグ『ヨーロッパ・ユダヤ人の絶滅』上・下、望田幸男・原田一美・井上茂子訳、柏書房、1997年〕. さらに以下を参照。Arno Mayer, *Why Did the Heavens Not Darken! The "Final Solution" in History*, with a new foreword (1988; rpt. New York: Pantheon, 1990). もちろん、こういった死者に対してもナチスの政策には最終的な因果関係としての責任があったとわたしたちは非難する——非難すべきである。こういった怒りを招くことが多い議論のなかで敵対する立場もある。それについては以下を参照。David E. Stannard, "Uniqueness as Denial: The Politics of Genocide Scholarship."（以上の議論はこの論考のなかでなされており、それにかんする資料も引用されている。）さらに以下を参照。Steven T. Katz, "The Uniqueness of the Holocaust: The Historical Dimension." いずれも以下に収録されている。*Is the Holocaust Unique! Perspectives on Comparative Genocide*, ed. Alan S. Rosenbaum (Boulder, Co.: Westview Press, 1996): 163–208 and 19–38. さらに以下を参照。Tzvetan Todorov, *The Conquest of America: The Question of the Other*, trans. Richard Howard (1982; rpt. New York: Harper and Row, 1984), esp. chap. 3, "Love," pp. 127–82〔ツヴェタン・トドロフ『他者の記号学——アメリカ大陸の征服』及川馥・大谷尚文・菊地良夫訳、法政大学出版局、2014年、第3章「愛」175–253頁〕.

(17) Drinnon, *Facing West*, p. 199.

(18) 以下を参照。Stannard, *American Holocaust*, pp. 317–18.

(19) E. D. Morel, *The Black Man's Burden* (1920; rpt. New York: Monthly Review Press, 1969). ウィスコンシン大学の歴史学と人類学の名誉教授であるジャン・ヴァンシナも同様の推定を行なっている。

(20) Stannard, *American Holocaust*, p. 121.『ガリヴァー旅行記』の第四部において、ジョナサン・スウィフトは、隷属人間／人間であるヤフー族（南アフリカのコイコイ人である「ホッテントット」にもとづく）の皮膚で靴やカヌーを作らせている。カヌーの帆も「同じ動物の皮でできていた。とはいえ、わたしは手にはいる一番若いやつの皮を使った。鳥よりも皮は硬くて分厚かったのだ」。Jonathan Swift, Gulliver's Travels (New York: Oxford University Press, 1977), p. 284〔ジョナサン・スウィフト『ガリヴァー旅行記』平井正穂訳、岩波文庫、1980年、401–402頁〕.

(21) Clive Turnbull, "Tasmania: The Ultimate Solution," in Stevens, *Racism 2*,

228–34.

(22) Dower, *War without Mercy,* chap. 3, "War Hates and War Crimes," pp. 33–73〔ダワー『容赦なき戦争』第3章、79–149頁〕.

(23) C. L. R. James, *The Black Jacobins: Toussaint L'Ouverture and the San Domingo Revolution,* 2d ed.（1938; rpt. New York: Vintage Books, 1963）, pp. 12–13〔C・L・R・ジェームズ『ブラック・ジャコバン——トゥサン＝ルヴェルチュールとハイチ革命［増補新版］』青木芳夫監訳、大村書店、2002年、26頁〕.

(24) Ida Wells-Barnett, *On Lynchings*（New York: Arno Press, 1969）; Ginsburg, *100 years.*

(25) Daniel R. Headrick, *The Tools of Empire: Technology and European Imperialism in the Nineteenth Century*（New York: Oxford University Press, 1981）, pp. 102–3〔D・R・ヘッドリク『帝国の手先——ヨーロッパ膨張と技術』原田勝正・多田博一・老川慶喜訳、日本経済評論社、1989年、121頁〕.この銃弾はカルカッタ郊外のダムダムにあったイギリスの工場で製造されていたためこの名前がついた。

(26) Sven Lindqvist, *Exterminate All the Brutes,* trans. Joan Tate（1992; rpt. New York: New Press, 1996）, pp. 36–69. さらに以下を参照。Ellis, *Machine Gun,* chap. 4, "Making the Map Red," pp. 79–109〔エリス『機関銃の社会史』第4章、127–176頁〕. リンドクヴィストが指摘しているように、さらに16000人のスーダン人がこの「戦い」で負傷しており、生存者はゼロか、ゼロに近かった。その後、ただちに処刑されたのである。

(27) Dower, *War without Mercy,* pp. 37–38〔ダワー『容赦なき戦争』87頁〕.

(28) Hilberg, *Destruction of the European Jews*; Ian Hancock, "Responses to the Porrajmos: The Romani Holocaust," in Rosenbaum, *Holocaust,* pp. 39–64; Christopher Simpson, *Blowback: America's Recruitment of Nazis and Its Effects on the Cold War*（New York: Weidenfeld and Nicolson, 1988）, chap. 2, "Slaughter on the Eastern Front," pp. 12–26.

(29) 以下に引用あり。Michael Bilton and Kevin Sim, *Four Hours in My Lai*（New York: Penguin, 1992）, p. 336〔マイケル・ビルトン、ケヴィン・シム『ヴェトナム戦争ソンミ村虐殺の悲劇——4時間で消された村』藤本博・岩間龍男監訳、葛谷明美・後藤遥奈・堀井達朗訳、明石書店、2017年、486頁〕. 当時、サイゴンでよく知られていた落書きが「カリーのためにアジア人を殺せ」で、ホワイトハウスに送られてくる電報の十中八九がカリーに好意的なものだった。さらに「カリー中尉の讃歌」というかれを讃えるヒットソングまであった。*Four Hours,* pp. 338–40〔ビルトン、シム『ヴェトナム戦争ソンミ村虐殺の悲劇』491–492頁〕. アルジェリアに

かんしては以下を参照。Fanon, *Wretched of the Earth*〔ファノン『地に呪われたる者』〕; Rita Maran, *Torture: The Role of Ideology in the French-Algerian War* (New York: Praeger, 1989). マランの結論によると、フランス軍による広範にわたる拷問の実行は文明の使命のもとで可能になった。結局のところ、西洋文明が危険な状態にあったということである。一方、ヴェトナムの場合、残虐行為を行なったアメリカ軍はただM・G・R——「アジア人を支配するのみ(ミア・グーク・ルール)」——という揺るぎない道徳原理に訴えただけである。この点については以下を参照。Drinnon, *Facing West*, pp. 454–59.

(30) Mayer, *Why Did the Heavens?* pp. 15–16. マイヤーはこういった見解を支持するというよりも報告している。かれ自身の説明は「ユダヤ人殺し」をヒトラーの反共産主義や戦中戦後のヨーロッパにおける極端な暴力の文脈のなかで位置づけるものである。かれの解説は内部の目線によるものであり、三十年戦争(1618–48年)から第二次世界大戦後へと3世紀も飛び越えて、その間にヨーロッパが非ヨーロッパに加えた人種差別的暴力にはまったく注意を払わない。この20世紀に、第一次世界大戦が勃発する直前に、コンゴでベルギー人によるホロコーストがあったし、ヘレロ族が1904年に蜂起したあと、ドイツ人みずからが大量虐殺を行なっていたのである。

(31) Simpson, *Blowback*, p. 5.

(32) Aimé Césaire, *Discourse on Colonialism*, trans. Joan Pinkham (1955; rpt. New York: Monthly Review Press, 1972), p. 14〔エメ・セゼール『帰郷ノート/植民地主義論』砂野幸稔訳、平凡社ライブラリー、2004年、138頁〕.

(33) Kiernan, *Imperialism*, p. 101.

(34) Robert Harris, *Fatherland* (1992; rpt. New York: Harper Paperbacks, 1993)〔ロバート・ハリス『ファーザーランド』後藤安彦訳、文藝春秋、1992年〕.

(35) Bartolomé de Las Casas, *The Devastation of the Indies: A Brief Account*, trans. Herma Briffault (New York: Seabury Press, 1974)〔ラス・カサス『インディアスの破壊についての簡潔な報告』染田秀藤訳、岩波文庫、1976年〕.

(36) Stannard, *American Holocaust*; Bruni Höfer, Heinz Dieterich, and Klaus Meyer, eds., *Das Fünfhundert-jährige Reich* (Médico International, 1990); Lindqvist, *"Exterminate All the Brutes,"* pp. 160, 172.

(37) Norman G. Finkelstein, *Image and Reality of the Israel-Palestine Conflict* (London: Verso, 1995), p. 93.

(38) Adolf Hitler, 1932 speech, in *The Years* 1932 *to* 1934, vol. 1 of *Hitler: Speeches and Proclamations, 1932–1945*, ed. Max Domarus, trans. Mary Fran Gilbert (1962; rpt. Wauconda, Ill.: Bolchazy-Carducci, 1990), p. 96. この文献につい

ては以下の著作に依拠した。Finkelstein, *Image and Reality*, pp. 93–94. フィンケルシュタインの指摘によると、ヒトラーの伝記作家の多くは、かれが「野蛮なインディアンたち」を首尾よく皆殺しにした北アメリカの事例を模倣すべき素晴らしいモデルとして頻繁に引きあいに出していたことを強調している。

(39) Lock, *Second Treatise*, pp. 346–49〔ロック『市民政府論』122–126頁〕.

(40) David Hume, "Of the Original Contract" (1748)〔ヒューム「原始契約について」小西嘉四郎訳、『世界の名著27 ロック、ヒューム』中央公論社、1968年、533–558頁〕. 以下のアンソロジーを参照。Barker, *Social Contract*, pp. 147–66.

(41) 現在、アメリカには以下のような雑誌が存在する。*Race Traitor: A Journal of the New Abolitionism*. この雑誌の論文については以下を参照。*Race Traitor*, ed. Noel Ignatiev and John Garvey (New York: Routledge, 1996).

(42) Maran, *Torture*, p. 125 n. 30.

(43) 雑誌『人種の反逆者』(*Race Traitor*) のスローガン。

(44) 以下に引用あり。Drinnon, *Facing West*, p. 163. 19世紀アメリカの小説家ロバート・モンゴメリー・バードからの引用。

(45) Chomsky, *Year 501*, p. 31.

(46) Roger Moody, Introduction (to the first edition), *Indigenous Voice*, p. xxix.

(47) Bilton and Sim, *Four Hours*, pp. 135–41, 176–77, 204–5〔ビルトン、シム『ヴェトナム戦争ソンミ村虐殺の悲劇』208–218、263–266、301–303頁〕.

(48) W. E. B. Du Bois, *The Souls of Black Folk* (1903; rpt. New York: New American Library, 1982)〔W・E・B・デュボイス『黒人のたましい』木島始・鮫島重俊・黄寅秀訳、岩波文庫、1992年〕.

(49) この段落にかんする文献は以下を参照。Moody, *Indigenous Voice*, p. 355; Churchill, *Fantasies*; David Walker, *Appeal to the Coloured Citizens of the World* (Baltimore, Md.: Black Classic Press, 1993), pp. 33, 48; Du Bois, *Souls*, pp. 122, 225〔デュボイス『黒人のたましい』127、227頁〕; W. E. B. Du Bois, "The Souls of White Folk," in *W. E. B. Du Bois: A Reader*, ed. David Levering Lewis (New York: Henry Holt, 1995), p. 456; Richard Wright, "The Ethics of Living Jim Crow"; Marcus Garvey, *The Philosophy and Opinions of Marcus Garvey*, vols. 1 and *2*, ed. Amy Jacques-Garvey (1923, 1925; rpt. New York: Atheneum, 1992), Jawaharlal Nehru, *The Discovery of India* (1946; rpt. New York: Anchor Books, 1959)〔ジャワハラール・ネルー『インドの発見』上・下、辻直四郎・飯塚浩二・蠟山芳郎訳、岩波文庫、1953、1956年〕. この引用は以下を参照。Chomsky, *Year 501*, p. 20; Martin Luther King Jr., *Why We Can't Wait* (1963; rpt. New York: Mentor, 1964), p. 82〔マルチ

ン・ルーサー・キング『黒人はなぜ待てないか［新装版］』中島和子・吉川博巳訳、みすず書房、2000年、99頁〕; Malcolm X, 8 April 1964 speech on "Black Revolution," in *I Am Because We Are: Readings in Black Philosophy*, ed. Fred Lee Hord (Mzee Lasana Okpara) and Jonathan Scott Lee (Amherst: University of Massachusetts Press, 1995), pp. 277–78; Fanon, *Wretched*, pp. 40–42〔ファノン『地に呪われたる者』40–44頁〕; Césaire, *Discourse*, pp. 20–21〔セゼール『帰郷ノート／植民地主義論』145–147頁〕; "Statement of Protest," in Moody, *Indigenous Voice*, p. 360.

(50)「ノックスはイギリスの「人種科学」の発展におけるもっとも有力な——おそらくその世紀の半ばの時点では——人物だった。完全に賛同しているわけではないとしても、ダーウィンも敬意を評してかれの著作を引用している」。Patrick Brantlinger, "'Dying Races': Rationalizing Genocide in the Nineteenth Century," in Pieterse and Parekh, *The Decolonization of Imagination*, p. 47.

(51) Lindqvist, *"Exterminate,"* pts. 2 and 4; and Brantlinger, "'Dying Races.'"

(52) 以下に引用あり。Cook, *Colonial Encounters*, p. 1.

(53) Kiernan, *Imperialism*, p. 146. 以下も参照。Okihiro, chap. 5, "Perils of the Body and Mind," in *Margins and Mainstreams*, pp. 118–47.

(54) Kiernan, *Lords*, pp. 171, 237.

(55) Madison Grant, *The Passing of the Great Race; or, The Racial Basis of European History* (New York: Scribner's, 1916); Lothrop Stoddard, *The Rising Tide of Color against White World-Supremacy* (New York: Scribner's, 1920). 議論のために以下も参照。Thomas F. Gossett, *Race: The History of an Idea in America* (1963; rpt. New York: Schocken, 1965), chap. 15. ストッダードの本は『有色人種の帝国の台頭』というタイトルに変更されてはいるが、F・スコット・フィッツジェラルドの『華麗なるギャツビー』にも出てくるとゴセットは指摘する。

(56) Kiernan, *Lords*, p. 27.

(57) 以下に引用あり。Dower, *War without Mercy*, p.160〔ダワー『容赦なき戦争』292頁〕.

(58) Kiernan, *Lords*, pp. 319–20.

(59) Ibid., p. 69.

(60) Drinnon, *Facing West*, pp. 313–14.

(61) Dower, *War without Mercy*, pp. 173–78〔ダワー『容赦なき戦争』319–320頁〕.

(62) Okihiro, "Perils," pp. 133, 129.

(63) W. E. B. Du Bois, "To the Nations of the World," and "The Negro Problems"

（1915）いずれも以下に採録。Lewis, *Du Bois*, pp. 639, 48.

(64) Richard Wright, *The Color Curtain: A Report on the Bandung Conference* (1956; rpt. Jackson: University Press of Mississippi, 1994).

(65) 以下を参照。Moody, *Indigenous Voice*, pp. 498–505.

(66) Leon Poliakov, *The Aryan Myth: A History of Racist and Nationalist Ideas in Europe*, trans. Edmund Howard (1971; rpt. New York: Basic Books, 1974), p. 5〔レオン・ポリアコフ『アーリア神話——ヨーロッパにおける人種主義と民族主義の源泉［新装版］』アーリア主義研究会訳、法政大学出版局、2014年、9頁〕.

(67) Douglass, *Narrative*, p. 107〔ダグラス『アメリカの奴隷制を生きる』106頁〕.

(68) Baldwin, *Nobody Knows*, pp. 67–68.

(69) 以下を参照。Eric R. Wolf, *Europe and the People without History* (Berkeley: University of California Press, 1982).

(70) Young, *White Mythologies*.

(71) 例えば以下を参照。Edward Blyden's *A Vindication of the African Race* (1857).

(72) 以下を参照。Russell et al., *The Color Complex*.

(73) アメリカの政治文化のもっとも有名な理論家たちが人種を組織的に回避している長い歴史については以下を参照。Rogers M. Smith, "Beyond Tocqueville, Myrdal, and Hartz: The Multiple Traditions in America," *American Political Science Review* 87 (1993): 549–66. スミスは次のように指摘している。「市民排除の全体的なパターンをいつまでも捉え損ねていることの累積的効果によって、学者たちはあまりにも安直にこう結論づけるようになった。数々の例外が明らかに競合的基準として評価されるよう強く訴えていたが、これまでずっと基準になっていたのは平等主義的な包括性なのだ、と」(pp. 557–58)。

(74) あるいはわたしが推奨するバージョンでは少なくともそうなる。先に述べたように、「人種契約論」の人種差別的なバージョンもありうる。そういうバージョンでは、白人は生まれながらに搾取的な存在とされ、生物学的に契約を行なうよう動機づけられているということになる。

(75) この言葉のもともとの出どころである法理論における代表的な著作については以下を参照。Delgado, *Critical Race Theory*. さらにKimberlé Crenshaw, Neil Gotanda, Gary Peller, and Kendall Thomas, eds., *Critical Race Theory: The Key Writings That Formed the Movement* (New York: New Press, 1995). ただし、この言葉はいまはもっと広く用いられるようになってきている。

(76) 以下に引用あり。Dower, *War without Mercy*, p. 161〔ダワー『容赦なき戦争』294頁〕.

(77) 1992年4月19日付『ボストン・グローブ』紙における日本史研究者ハーバート・ビックスによる記事。以下に引用あり。Chomsky, Year 501, p. 239. さらに以下を参照。James Yin and Shi Young, *The Rape of Nanking: An Undeniable History in Photographs*, ed. Ron Dorfman and Shi Young (Chicago: Innovative Publishing Group, 1996).

(78) Dower, *War without Mercy*, chap. 10, "Global Policy with the Yamato Race as Nucleus," pp. 262–90〔ダワー『容赦なき戦争』454頁〕.

(79) 左派からの批判については、例えば以下を参照。David Harvey, *The Condition of Postmodernity: An Enquiry into the Origins of Cultural Change* (Oxford: Basil Blackwell, 1990)〔デヴィッド・ハーヴェイ『ポストモダニティの条件』吉原直樹監訳、青木書店、1999年〕.

(80) Jürgen Habermas, *The Philosophical Discourse of Modernity: Twelve Lectures*, trans. Frederick Lawrence (Cambridge: MIT Press, 1987)〔ユルゲン・ハーバマス『近代の哲学的ディスクルス1・2』三島憲一・木前利秋・轡田収・大貫敦子訳、岩波書店、1999年〕. 批判については、例えば以下を参照。Dussel, *Invention of the Americas*; and Outlaw, "Life-Worlds, Modernity, and Philosophical Praxis."

(81) O'Neill, "Justice."

(82) Richard R. Wright Jr. (小説家ではない) "What Does the Negro Want in our Democracy?" in 1910–1932: *From the Emergence of the N.A.A.C.P. to the Beginning of the New Deal*, vol. 3 of *A Documentary History of the Negro People in the United States*, ed. Herbert Aptheker (Secaucus, N.J.: Citadel Press, 1973), pp. 285–93.

(83) Henry Louis Gates Jr., *The Signifying Monkey: A Theory of African-American Literary Criticism* (New York: Oxford University Press, 1988), pp. xxi, xxiii, 47, 49〔ヘンリー・ルイス・ゲイツ・ジュニア『シグニファイング・モンキー――もの騙る猿／アフロ・アメリカン文学批評理論』松本昇・清水菜穂監訳、南雲堂フェニックス、2009年、20–22、55、86、88頁〕.

(84) Henry Louis Gates Jr., "Writing 'Race' and the Difference It Makes," in Gates, ed., *"Race," Writing, and Difference* (Chicago: University of Chicago Press, 1986), pp. 1–20.

(85) Anthony H. Richmond, *Global Apartheid: Refugees, Racism, and the New World Order* (Toronto: Oxford University Press, 1994).

《叢書・ウニベルシタス 1150》
人種契約

2022年10月11日　初版第1刷発行

チャールズ・W・ミルズ
杉村昌昭・松田正貴 訳
発行所　一般財団法人　法政大学出版局
〒102-0071 東京都千代田区富士見2-17-1
電話 03(5214)5540　振替 00160-6-95814
組版：HUP　印刷：三和印刷　製本：積信堂

Printed in Japan
ISBN978-4-588-01150-4

著　者

チャールズ・W・ミルズ（Charles Wade Mills）
1951年イギリス生まれ。西インド諸島大学で物理学を学んだのち、トロント大学で哲学の博士号を取得。ニューヨーク市立大学大学院センター、ノースウェスタン大学で教授を務める。おもな著書に *From Class to Race: Essays in White Marxism and Black Radicalism*（Rowman & Littlefield, 2003), *Radical Theory, Caribbean Reality: Race, Class and Social Domination*（University of the West Indies Press, 2010）など、C. Patemanとの共著に *The Contract and Domination*（Polity, 2013）がある。2021年逝去。

訳　者

杉村昌昭（すぎむら・まさあき）
1945年生まれ。龍谷大学名誉教授。フランス文学・現代思想専攻。著書に『資本主義と横断性』（インパクト出版会)、『分裂共生論』（人文書院)、訳書にF. ガタリ『分子革命』『精神と記号』（以上、法政大学出版局)、『三つのエコロジー』（平凡社ライブラリー)、『闘走機械』（松籟社)、『カフカの夢分析』『精神病院と社会のはざまで』（以上、水声社)、『人はなぜ記号に従属するのか』『エコゾフィーとは何か』（以上、青土社)、F. ガタリ／G. ドゥルーズ『政治と精神分析』（法政大学出版局)、F. ガタリ／A. ネグリ『自由の新たな空間』（世界書院)、F. ガタリ／S. ロルニク『ミクロ政治学』（共訳、法政大学出版局)、F. ドス『ドゥルーズとガタリ』（河出書房新社)、E. アザン『パリ大全』（以文社)、G. ジェノスコ『フェリックス・ガタリ』（共訳、法政大学出版局)、M. ラッツァラート『記号と機械』（共訳、共和国)、『〈借金人間〉製造工場』（作品社)、『資本はすべての人間を嫌悪する』（法政大学出版局)、E. アリエズ／M. ラッツァラート『戦争と資本』（共訳、作品社)、J. ブランコ『さらば偽造された大統領』（共訳、岩波書店)、M.-M. ロバン『なぜ新型ウィルスが次々と世界を襲うのか？』（作品社）などがある。

松田正貴（まつだ・まさたか）
1974年生まれ。大阪電気通信大学准教授。20世紀イギリス文学専攻。編書に『ダダイストの睡眠』（高橋新吉著、共和国)、訳書にA. J. バックラック『ニューメキシコのD・H・ロレンス』（彩流社)、J. ローズ『性の革命』（共訳、関西大学出版局)、M. ラッツァラート『記号と機械』（共訳、共和国)、G. ジェノスコ『フェリックス・ガタリ』（共訳、法政大学出版局）などがある。